U0152396

沈西城 著

《香港夜生活紀聞》

第二集——日韓風情

小序

《夜生活》第二集出版，有多少悲喜交集，原因是這系列的書，出版實不易。第一集易了幾個版本，方才有第二集，時隔相當，讀者許有望穿秋水之恨吧！

本集寫日韓風情，希望讀者會喜歡。有人問我《夜生活》到底寫了多少字？我答曰「大概九十萬字。」開筆於一〇年，連載於《新報》，當時人視之為色情之作，有違我意，秉筆撰文，旨在傳風俗，大雅君子當知我意。匆匆不盡，敬請諸君看書吧！

癸卯年春雨綿綿日
西城於滄海觀天樓

目錄

輯二：情色生活之旅

輯一：情色紀聞之旅

日本AV生涯

日本AV稱霸

日本AV，征服全球。

八十年代，歐美AV稱霸，到了九十年代，已為日本取代其位。再到今世紀，我們看AV，必以日本為首選，歐美的已淪為「可看，可不看」的地步矣。

朋友小徐是AV研究專家，他分析日本AV獨佔鼇頭，有下列幾項原因：

（一）演員演出奔放野性。無論是大牌或茄喱啡，日本AV的男女演員，都會「全情」演出，絕不馬虎。

（二）題材大膽、變態。什麼滴蠟、喝尿、顏射、潮吹，都會照拍如儀。歐美AV只一味地誇張男女性器，缺乏變態刺激。

（三）新星輩出。據小徐說日本AV界，僅女演員就逾十萬，其中各類型的女優都有，高的，瘦的，酥胸挺的，臀部翹的，應有盡有。新血多，這在歐美AV界並不多見。

（四）AV內容百變。有偷拍、有綑縛、有強暴、有SM、有人獸，總之，觀眾想看的，它都會有。

小徐說歐美的AV，以質素言，法國、意大利的最好，美國次之，最粗劣的是德國，女演員身材臃腫，高頭大馬，完全缺乏女性魅力，看德國AV，就像看兩個男人在幹那回事。

我近年少看AV，小徐的分析，我只同意了一半。近代日本AV，的確極盡變態之能事，可惜情節付諸闕如，看AV，光看變態、性愛，其實是不夠的，必先要有個好故事。

七十年代的「粉紅映畫」、「浪漫色情」電影之能吸引觀眾走進戲院，在於它們有一個完整的故事，觀眾既可貼眼皮膏藥，也可以欣賞男女演員的演技。雙料娛樂，值回票價。現在的AV，光求變態的視覺效果，多看不但不會沉迷，而且適得其反，翳悶煩厭。

近年，日本AV女優，最紅的是蒼井空和小澤瑪莉亞。蒼井空已開始轉型，漸次打入大陸市場（當然以性感為主），至於小澤瑪莉亞，仍然以一貫的性感呻吟「食糊」。小徐最喜歡聽小澤呻吟，因此同意美國金賽博士所說「性愛其實是聽覺刺激的反應」。

紅到內地的蒼井空——蒼老師

除了蒼井和小澤，香港觀眾最熟悉而又懷念的，就是飯島愛。二〇〇八年飯島暴斃，她的「粉絲」十分傷心，在網上留言哀悼。我並非飯島愛的「粉絲」，可看到一個女優由盛時跌進衰落深淵，也不免有所惋惜。

ＡＶ生涯，並非太短，像一代女神小林瞳和冴島奈緒，到今天（二十一世紀初）還能活躍於ＡＶ界。還有一代女王愛染恭子，以五十六歲高齡，二〇〇八年才退下火綫。

日本觀眾是長情的，喜歡一個偶像，會長久追捧下去。年輕的稱「聖女」；年齡大了，就叫做「熟女」。「聖女」、「熟女」，各擁觀眾，長做長有，因此在日本當一個ＡＶ女優，並不是一樁羞恥的事，相反，只要演得好，還會獲得認同和讚賞。（上流社會除外）

AV悲歌

ＡＶ女優有風光的，也有落寞的。

風光的，有蒼井空、吉澤明步。前者更成功打進大陸影圈，成為萬千神州男人的偶像，連人民幣也給她賺了，不是ＡＶ天后是啥？然而，對大多數ＡＶ女優來說，落寞、悲哀，無奈，惆悵便是她們最後的「歸宿」。

根據調查，當上ＡＶ女優的，絕大多數是貧窮而又教育水平不高的少女（以日本教育水平而言，高校畢業已不屬高文化層）。她們有部分是甘心情願拍ＡＶ，也有不少是被騙的。

先說第一類吧！

由於無學識，職業不貴，收入偏低，百般聊賴，迷上賭博，以致負債纍纍，逼於無奈，投身「ＡＶ」界。

第二類嘛，多是出自貪慕虛榮，以為一旦拍了「ＡＶ」，就可以當大明星，財源滾滾來。

而事實上，不少少女拍了一套ＡＶ後，便星沉影落，不見人間。

根據《大眾》週刊的報導，許多AV新星，都會遭到導演和老闆、男優的淩辱，由於簽了賣身契，若要解約，便得賠一大筆「解約費」，動輒過千萬（日圓），試問弱質女流又哪有本事負擔這筆費用呢！只好咬緊牙齦忍下去，直至合約滿，才「莎喲哪啦」，遠走高飛。

可到了那時候，原本玉潔冰清、純如白紙的少女，不但身體蒙污，心靈也已受到了致命的摧殘和打擊。為了麻醉自己，只好酗酒，甚至吞服藥物。每日迷迷糊糊的過活，終有一天，在神智不清底下，糊裏糊塗地了結自己的生活。

二〇〇八年飯島愛的突然死亡，正好體驗了這殘酷的現實。兩年後，另一位三十歲的女星AYA阿綾（原名：牧野田彩），也跳樓自殺了。

二〇〇八年突然死亡的飯島愛

阿綾的出身很好，本是樂壇教父小室哲哉門下，小室破產後，旗下藝人星散，阿綾經濟陷入困局，只好當上ＡＶ女優。

阿綾每天面對不同的ＡＶ男優，將自己的胴體任由對方折磨、玩弄，哪能容忍，終於患上了妄想症，要定時服藥控制病情。

後來她認識了一個中年商人，雙方論及婚嫁，卻無意中被男友知道曾拍過ＡＶ，認為有辱門楣，狠心提出分手。阿綾接受不住這無情的打擊，日哭夜泣，終於選擇了「跳樓」來結束自己寶貴的生命。

原名牧野田彩的女星AYA阿綾一生坎坷

類似飯島愛和阿綾遭遇的ＡＶ女優，多至不可勝數。離開了ＡＶ界，生活不如意，最後收起自尊，忍氣吞聲地又重踏「門檻」。年紀大了，扮不到高校生、補習老師，只好飾演中年婦人（熟女）、保母，付出大大的勞力，收低低的酬勞，任由那些男優魯莽地凌辱。

最近，日本ＡＶ界不但出現了四五十歲的女優，甚至七十高齡的老婦也有，這可真是日本ＡＶ界的悲歌！

AV「面接」秘聞

「面接」其實是苦差

日本的小崛，是AV界的大人物，過去二十年，專責接見AV新星，見盡不少AV女星載浮載沉，興衰交替。最近，小崛為日本雜誌寫回憶錄，憶述二十年來接見AV女星的經過和體驗，可謂有喜有憂，苦樂參半。

初出道時，小崛心情緊張，他記得第一次面見應徵者，緊張程度，猶勝於應徵者。滿以為可以順順利利完成第一次歷史性任務，豈料卻埋下了計時炸彈，險些兒炸死了自己。

來應徵的是一個十七八歲的小姑娘，説剛高中畢業，看到雜誌上的招聘廣告，所以大膽前來一試。小崛打量眼前的那個小姑娘，臉孔帶點稚氣，可發育空前的良好，尤其是胸前雙峰，高挺插雲，配以白皙、軟軟的皮膚，再襯上四十一吋長腿，簡直就是天仙下凡。這樣的一個小姑娘如能拍AV，不但會走紅，而且還會帶挈公司賺大錢，小崛的心裏這樣想着。

一想到初出道，就遇上如斯「筍盤」，為公司立下大功，小崛不由手心冒汗，興奮不已。他登記了小姑娘的履歷資料，同時，為了慎重起見，他還是做了應徵的應有程序，就是在記錄了個人資料外，還得看一看全相。

SODクリエイト株式会社御中

面接同意書

★面接に関する同意書です。
1. 私は、今回の面接が貴社が制作する成人向け作品に出演することを目的とした面接であることを理解し、了承します。
2. 私は、今回の面接において私の裸像その他が動画・静止画で撮影されることを理解し、了承します。
3. 私は、本日現在、年齢18歳未満ではありません。これを証するため、免許証、パスポート等私の年齢を確認しうる写真付公的証明書類を貴社に提示し、かつその控えを貴社に引き渡しました。まず以上を確認します。
4. 本同意書に起因ないし関連するすべての紛争、論争または意見の相違は、一般社団法人日本商事仲裁協会の商事仲裁規則に従って、東京都において同協会の非公開仲裁手続により最終的に解決されることを確認します。仲裁人によりなされた判断は最終的であり、当該判断に拘束されることを確認します。私は、本仲裁合意に基づく当然の法的効果として、訴訟提起をしないことを約するとともに、仮に訴訟を提起したとしても上記仲裁合意が妨訴抗弁となり、訴訟が当然に却下されるべきことを異議なく確認します。また、私は、前記仲裁人の行った仲裁判断に従い、異議を述べないものとします。
5. 私は、私自身の責任の元、下記の事項について正確に記入します。

☑ 本同意書に記載された内容について、十分に理解し、面接を受けることを承諾いたしました。
☑ 本同意書に記入した回答に相違ございません。

面接日：29 年 10 月 2 日

女優名（芸名）　　女優署名（本名）

芸名：		本名：[illegible]	18才.4ヶ月
【売り】生年月日　年　月　日（　才）		【正式】生年月日 1999 年 5 月 26 日（18 才）	
【売り】出身地：	【売り】血液型	【正式】出身地：東京都　方言 あり・なし	【正式】血液型 A
年齢確認：　免許証　パスポート　その他			
所属事務所：ディアスグループ		ご担当者名：鈴木さん	
現在の職業：		最終学歴：中学	
過去の職業：居酒屋・リフレ		泊まりロケ：OK・NG	
NG日：なし		撮影の何日前に連絡が欲しいですか？	
最寄駅：東新宿		門限：あり（　時）・なし	
正式サイズ：（実寸）	身長：155 cm　服サイズ：　号　靴サイズ：22 cm 体重：　kg　B 103 cm（I カップ　cm）W　cm H　cm		
売りサイズ：	身長：　cm　服サイズ：　号　靴サイズ：　cm 体重：　kg　B　cm（　カップ　cm）W　cm H　cm		
趣味・特技・資格：フィギュアスケート 8年やってました			
性格：長所（　）短所（　）		部活歴：	
家族構成：母・祖母　一人暮らし・同棲・同居・実家			

本同意書に記載された内容は本人及び所属事務所から弊社所定の書面による申し出がある場合に限り変更することができるものとします。

出演歴・内容	パブリシティ	【面接者所見】　F=　B=　A=
出演本数：　本　未出演 （内容）	全面・条件付	F: B: C: etc: 面接者氏名

SODクリエイト面接アンケート

質問	回答	備考
初体験はいつですか？相手は？場所は？	（12才）・（28才、　）・（　）	ベース：
彼氏はいますか？	いる（24才）（職業　）・いない	
セフレはいますか？	いる（　才）（職業　）・いない	ラストH：
プライベートの男性経験は何人ですか？うち彼氏は何人ですか？	（　人）（彼氏 6 人）	
外人とHした事はありますか？Hは出来ますか？	ある（黒人・白人）・ない　出来る・出来ない	
イッタことはありますか？	ある（膣内・クリ・胸・オナニー）・わからない・ない	
潮を吹いたことはありますか？	吹きやすい・相手次第・吹きにくい・吹いた事がない	（手・玩具・ハメ・セルフ）
1日でしたHの最多人数は？最多回数は？	最多人数（11 人）・最多回数（4 回）	
今までにした、された変わったエッチは？	外でやる 3P.	
自分のエッチ度は？	超エッチ・エッチ・普通	
今までで1番気持ち良かったSEXは？	首しめられる	
フェラチオは好きですか？	超好き・好き・普通・嫌い	男の反応
SEXは好きですか？	超好き・好き・普通・嫌い	
好きな体位、嫌いな体位は？	好き（全部）嫌い（　）	
レズは出来ますか？	OK・NG・経験有・興味有	（受け身・責め）
オナニーはしますか？	する（週　回）・経験有・しない	回　分
おかずは何ですか？道具は何を使いますか？	おかず（　）道具（　）	
ピルを飲んでいますか？	はい・いいえ・過去飲んでいた	
発射場所で可能なのはどれですか？	ぶっかけ・顔射・口内・ごっくん・中出し	
イメチェン（黒髪、薄メイクなど）、パイパンは出来ますか？	出来る・出来ない・現在パイパン	
自分自身は（S・M）どちらだと思いますか？	S・M	10段階で
SMでOKなのはどれですか？	ハードSM・[illegible]	
アナルできれてもOKなのはどれですか？	アナルSEX・指入れ・おもちゃ・舐められ・舐め・NG	アナルを舐めるのはOK・NG
自分からエッチしたくなる時はありますか？	ある	
AVに出演するモチベーションは何ですか？	有名になりたい・お金・SEXが好き・その他（　）	
AVに出演してやってみたいプレイは？	レズプレイ	
好きな食べ物、嫌いな食べ物は何ですか？	好き（お肉）嫌い（野菜）	
アレルギーはありますか？（食べ物・卵・金属・アトピー等）	ある（　）・ない	
好きな男性のタイプ、嫌いな男性のタイプは？	好き（優しい人）嫌い（　の人）	
体に刺青・傷跡・手術跡などはありますか？	ある（場所 左手首　）・ない	
美容整形してるところはありますか？（胸、目など）	ある（場所　）・ない	
チャームポイント・フェチ・性癖はありますか？	おっぱい・まつげ	
将来の夢は何ですか？	同年代で1番	

※上記のアンケートを参考にキャスティングをさせて頂きます。NG事項の変更、解禁がございましたらご連絡下さい。

女優名　　所属プロダクション名

AV「面接」時候女優填寫的表格

他訥訥地把這個想法提了出來，滿以為面對的那位小姑娘定會忐忑不安，猶豫不決。豈料那小姑娘，臉色不變，反問：「老師！這是必須的程序嗎？」

小崛點點頭：「對！是必須的！當然你如果對自己的身材無信心，可以不做！不過，我得告訴你，這樣會損害你獲選的機會！」

小姑娘又問：「是不是如果通過了這個程序，我必然獲選？你能保証嗎？」

小崛回答：「我不敢說絕對，可起碼有百分之九十的機會。」

好個小姑娘，一聽，二話不說，一二三，氣不喘，手不抖，隨即在小崛面前脫個清光。

呀呀！該大的大，該小的小，看得小崛目瞪口呆，垂涎何止三尺！結果，小姑娘通過了應徵測試，給電影公司相中，拍了一部AV。在AV裏，小姑娘放浪得很，面對男優，收放自如，令人幾乎不能相信她是一個「初哥」。AV拍成，正待發行時，一天下午，有一對中年男女找上電影公司，聲稱是小姑娘的父母，指責電影公司欺騙他們女兒拍AV，要告上法庭。

這一下，小崛可頭痛了，是他應徵AV女星時不慎肇禍，難辭其咎。電影公司把燙手的山竽交到小崛手上，要他立即「拆彈」。小崛為了飯碗，惟有低聲下氣懇求小姑娘的雙親放他一馬。

最後挖出積蓄，賠了點錢，又應承不將ＡＶ發行，這才解決了麻煩。小崛說：「別以為接見ＡＶ女星是椿好差使，其實地雷處處，一不小心，準給炸個稀巴爛！」

AV女優的片酬

小崛到香港觀光時，友人作曹邱共飯於尖沙咀。

小崛之名，聞之已久，讀其文章，風趣詼諧，描寫接見女優種種情況，苦樂參半，更是傳神縮骨。今見其人，卻又有點意外。

第一聽朋友說小崛已過花甲，是日本人口中的「老人」，但見其真人，臉白無紋，哪似六十過外，望之即如五十出頭，真的是何其年輕！

問有什麼保養之方？小崛身邊的瀨谷社長插口說：「小崛君見得AV女郎多，口水吃足，所以年輕！」鬨堂哄笑。

第二是小崛不大善言，只喜歡拍照片。他有「攝影」癖，看到什麼物事，都要拿出袋裝攝影機，「劈啪劈啪」的攝個不停。

在酒家吃飯，每有菜式上桌，小崛先拍照片然後起筷。初時我不習慣，第二天，明白了！一有菜式搬上來，不管是小碟、大碟，我都會用日語說：「請呀！」逗得瀨谷社長也笑了起來。

小崛年輕時，定然是個美男子，否則電影公司也不會派他去「面接」各種女優。

男人長得俊、生得帥，跟女人長得美、生得媚，有異曲同工之妙，所以小崛成為全日本「第一」的「女優面接」者。

我問小崛，做「面接」工作多久了？

小崛想了想：「有三十多年了！」換言之，他二十幾歲就跟女優打交道。那麼三十多年了，到底接見了多少女優？「怕有一萬過外了！」小崛扳起手指算了一下：「只有多沒有少！」

一萬多個，平均一年三百多個，那是說他過去三十年，每天都在接見各式女優。朋友聽了，大感興趣，問個不停。我打趣說：「小崛君！你如果退休，可以由他接棒！」原是說笑，可日本人認真，以為我是在作介紹，立即要朋友填履歷，反把朋友弄窘了。

我看過好幾本有關「日本ＡＶ」的書，寫得很詳細，資料豐富，卻好像沒人提過女優的片酬。認識瀨谷社長的朋友告訴我，日本人講究商業道德，從不提女優片酬。可兩杯黃湯下肚，平日緊口慎言的社長，居然也有「漏風」的時刻。他的公司請「素人」拍一部ＡＶ，片酬是十萬日圓左右，即港幣一萬多一些。這還不算便宜，有些小公司，只給五萬日幣，爭拍的女優也在數不少。

當然，有名氣的女優，片酬不會太少，像小森愛一類，徐娘東山復出，片酬高達二百萬日圓，即合港幣二十多萬。二十多萬，在香港人看來，不多呀！可一部AV，拍攝時間，大約只是一兩天，兩天賺二十萬，一天十萬，這就是不俗的片酬了。至於神級女優，如蒼井空、小澤瑪莉亞等，當然遠遠超過二十萬。

朋友追問社長，拍攝一部AV，要用多少人？小崛搶着答：「不超過十個人，攝影師、導演、化妝師、燈光、收音，攝製隊人員不多，卻是精英。」像瀨谷的「ALICE」公司，一個月拍十四部左右，而大公司如「北都」，一月出產逾三百部，一年三千六百部，產量驚人喲！

AV女優的背後

日本作家朋友三好徹寫過一個短篇推理小説〈影子的背後〉，我在三十年前翻譯，收錄在一本單行本裏。人人都有影子的背後，日本AV女優特別多。我一位專門負責面試AV女優的日本朋友小崛，三十年來積累的古怪體驗不少，他到香港遊玩，告訴了我不少關於AV女優背後的故事。

許多人都以為女人跑去拍AV，主要是為了賺錢，其實不然。一來拍AV，除非你是天字第一號的女優，可叫天價，否則片酬不高，只有一至三萬日圓（即一千到二千港幣），這個價錢，哪裏高！所以純為錢拍AV，顯然並不正確。

二則是在日本一旦拍了AV會受歧視，到目前，許多日本人仍認為這是不見得光的事。既不賺錢，又不得名譽，為什麼還要拍AV？

小崛笑着説：「沈樣！這世界有許多奇怪的人哪！」

憶。

三十載的面試生涯，小崛遇到過不少古靈精怪的應徵者，他說了幾樁有趣的回憶。

有一次，一個十分美麗的少女到朋友的公司應徵。小崛見她氣質清麗，與眾不同，很奇怪她會想拍AV，於是查根究柢。

少女笑而不答，只問：「我的外在條件可符合拍AV？」

小崛忙不迭地點頭一連說了「行行行！」因為像她那樣精緻出眾的少女，百中無一。

AV拍完後，過了不久，少女的父親打電話來說「少女去世了！」

小崛嚇了一跳，忙問因由，才知少女早已患上血癌，拍AV只是想為自己留下一個美好回憶。我聽了，不禁黯然，想不到AV跟悲悒也會連在一起。跟着聽到的，更令人覺得匪夷所思。

某天，一對母女同來應徵，母親四十來歲，女兒二十二，兩人高度相若，身材也不分伯仲，只是做母親的，乳房略垂。

問拍AV的動機？

母親表示是慾求不滿，因丈夫早逝，結交的男朋友，大多技術太差，不能滿足她。至於女兒，純然是陪母親一起來，抱着玩樂的心情。母女兩人都十分開放，只是當要求兩人相擁接觸時，女兒才顯得有點尷尬而婉拒。

也有女人是為了滿足畸形的慾望才拍ＡＶ。

小崛接觸過一個人妻，丈夫未能跟她玩ＳＭ，她實在按捺不住，跑來應徵ＡＶ，要求男優打她、鞭她、縛她，讓她得到滿足。

綜合小崛所言，日本女性拍ＡＶ，動機紛紜，有為自己留影的，有慾求不滿的，也有要滿足畸形慾望的……這都跟金錢掛不上任何關係。

小崛回日本後，仍然做他的面試女優總監角色，看來，還會陸續遇到不少抱着古怪動機來要求拍ＡＶ的女性，我盼望他能撥冗傳給我一些資料，讓我好介紹給讀者們，作為閒時談佐。

AV女優陪坐

香港歡場，一個人的消費，連酒在內，兩個小時約在一千元（註：全包不止此數，今收費更巨）。這是指中上級的消費場所而言，若到油旺細場冶遊，兩個小時花個七百左右（註：全包不止，如起碼千二）已可辦。

當然要到尖沙咀「R213」或者是「俏佳人」一類高檔的地方泡，兩個小時，一二千元是不夠的。香港樓價之貴，世界第一，若論夜遊消費，遠不如英美日。

朋友到日本旅行，一到夜晚，少不了到冶遊場所看看。他一個人不敢去，邀老日本朱君作伴，由他領着，在六本木一帶逛遊。

朋友在港營商，雖不是大富豪，兩三個億身家是有的，對高檔消費當視若等閒。朱君留日逾二十年，基本上已是一個日本人，生活習慣跟日本人無異，有他作嚮導，自然放心。朱君領朋友到六本木一家叫「金手指會所」遊玩。

p.25　AV女優陪坐

「金手指」加籐鷹

這間會所在一幢大廈三樓全層，是當紅AV男優加籐鷹開設，面積不大，但最大賣點，是店裏有人氣AV女優，本城小百合、華原希、鈴木杏里、千野美帆等撐場。因而夜夜客似雲來，生意紅火。

朋友在香港有看AV習慣，心裏常想攀交AV女優，聽得「金手指會所」有AV女優列席，未去，已色授魂予，恨不得長上翅膀立馬飛過去。

這會所設有會員制和非會員制。會員，一節（六十分鐘）小姐坐枱費是一萬日圓（約港幣一千），非會員則是一萬二千日圓（港幣一千二百元），如果指定小姐來坐，再加三千。一節未盡興，要追加三十分，付五千單陪坐費，以兩小時計在二千港元左右。

朋友季子多金，哪會計較消費，一聲「大丈夫」（日語：意無所謂），洋酒開瓶來，美女輪番上，最重要彼此開心。

這一夜，朋友消費一萬多港幣（連小費在內），回來後邀我喝酒，細說東遊體驗。

我問他可有坐AV女優？

朋友說：「入廟拜神，怎會不坐！」

問所得者何？

朋友灑手兼搖頭，長嗟短嘆，一聽，似乎並無便宜可佔。經朋友說出，才知道

AV女優並非一如咱們所想都是「姣屍爍篤」貨色，相反，還矜持矯揉，雖然言語溫柔，服侍週到，想一夜封相，「斯爾馬賽」（對不起），沒門。

別看AV女優在熒幕上大膽妄為，任何動作都能做得出神入化，與「神女」無異，可一離鏡頭，「神女」易轉，變成「女神」，可望而不可即。

朋友坐的那位AV女優，溫婉美麗，身材惹火，可摸而不可得，任憑朋友出價，女優還是婉轉推拒。於是乘興而來，敗興而去。

由此可知港日歡場分別之大，香港盛行「即食」文化，而日本仍固守在江戶時代那種浪漫細膩之風。朋友！你出來玩，挑哪樣？

唉！忘了告訴友人，在六本木還有一家叫「赤龍」的會所，裏面的AV女優，陣容更盛，有金澤文子、麻山岬、白咲舞、倉田杏里，粒粒皆星，男人閱之，如何不喜！

女優三條路

ＡＶ風潮在日本已開始滑落下來，可在香港，仍然方興未艾，甚至被視為「瑰寶」。香港電影公司的老闆開拍三級艷情電影，找女主角，第一時間就想起日本ＡＶ女優。昔年上映的《３Ｄ肉蒲團——極樂寶鑑》，就起用了日本ＡＶ當家花旦之一的原紗央莉，她在電影中的演出，實在遠勝本地的雷凱欣。

為什麼要起用ＡＶ女優？原因簡單極矣，三個字可概括之，便是「夠專業」。

原紗央莉出演《3D肉蒲團》

一聲「開麥拉」，全情投入，用粵語說，「任由你舞都無阿吱阿咗」。瞓身演出，十足交貨，試問哪個導演不喜歡？再說嘛，片酬不貴，付她個二三十萬港幣，已是喜不自勝，價廉物美，何樂不為！

我女兒日前正在寫博士論文，論文題目就是「日本ＡＶ界的興衰」。為了要應付論文，她一年當中有三分一的時間要到東京去取材探討。她告訴我ＡＶ女優退休後，生活並不太好過，所以連飯島愛也會患上抑鬱症，最後英年早逝。

根據女兒的採訪和研究，ＡＶ女優退休後，可走的路，不外下列三條。

第一條是傳統之路，就是到劇場或酒吧夜總會跳艷舞。以前是脱衣舞，現在改為鋼管舞。把那條冰冷冷的鋼管當成加藤鷹的「東西」，幻想着做愛，就能做出種種挑逗的舞姿和誘人的臉部表情。

這條出路，一向收入不俗，許多退休AV女星都變身成了艷舞女郎，最出名的莫如愛染恭子，她退休後加入艷舞界，大受「粉絲」歡迎，一路跳到五十高齡才退休。

只是日本經濟衰退潮，近年愈演愈熾烈，酒吧、夜總會倒閉的不計其數，加上「水着」女優猛搶飯碗，年老色衰的AV女優哪是青春少艾的對手，最後只好淚掛兩行，黯然引退。

時不我予，退而思其次，只好闖第二條路，跟酒吧老闆合作，客串做「吧女」，每夜跟酒客喝酒聊天。

大凡掛上有AV女優客串招牌的酒吧，大多收旺台之效，客人魚貫而來，絡繹不絕。酒吧乘時起價，以東京新宿區的酒吧為例，「AV女優之夜」，酒客入場要收三千圓門票。三千圓門票，不計飲品，有五十個酒客進場，酒吧便能收得十五萬日圓，再加飲品，全場一夜收入可高達四五十萬圓。

每個AV女優跟酒吧拆賬以平分計，至少可賺八至十萬圓。收入不如拍一套AV，但不用大汗疊小汗的「幹活」，只消喝酒、聊天，偶然讓酒客毛手毛腳，揩揩油，這錢賺得實在容易。

最後一條路，是爭做有名男星的「二奶」。許多退休後的AV女優，愛去男星常到的酒吧碰運氣，僥倖碰上了一個，給她抓個正着，多少可以撈到不俗的油水。萬一湊巧給狗仔隊跟到，拍了照片，刊在《星期五》、《焦點》等雜誌上，不但成名，還可以殺男星一大筆「掩口費」。而這筆「掩口費」足夠她好好過活兩三年。

至於兩三年後，如何生活？媽的！管他的，且自目前逍遙，便是人間正道。

一次與AV的緣分

AV原來難賺錢

朋友跟日本的AV公司有點兒關係，二〇一一年，那邊的社長來港商議合作，開出的條件，其實並不公道，日本出資源，港方負責開銷。

條件雖不太公平，由於從未有人跟日本AV公司合作過，朋友抱着不妨一試的心意，跟日方簽了約。內容是翻譯一本日方成員撰寫的有關AV女優的書，二是為日方出版寫真集，最後是接待AV女優來港參與活動和工作。日方成員寫的那本書，是敘述成員接待女優應聘的情況，很真實，也曲折，朋友讓我看了全書，就由我等三人動手翻譯。

許久沒動過翻譯了，有點吃力，不過最後還是完成了任務。書成出版，賣了兩版，在今日的書場上，算是好成績。

至於那本「寫真集」，很不幸，成為了犧牲品。原因一是日方提供的照片，完全是掇自AV電影，並非專為寫真集而拍攝，效果不佳，而且比起旺角地下市場的寫真翻版本，大膽程度相去甚遠，際此電腦上網看片時代，這種形式的寫真集如何賣？所以我一開頭就不看好。然而朋友堅持，認為值得一搏，我人隨意，也不再作爭論，以為既有女優來港宣傳，總會有點效果吧！

不幸的是，原定一二年八月來港的女優，因釣魚台（島）事件不敢來港，我想寫真集出版的計劃也該擱置了吧！可朋友倒認為不打緊，出版歸出版，跟女優來港不搭架。嘿！信心蠻大！拗不過，還是照原計劃出版了。結果怎樣，到現在我還是不大清楚，卻知道一樁事實，銷路平平，分不到紅。

當然，如果能稍等一下，到女優能來港才推出市面，效果一定會好一點，只是朋友們都性急，等不來，同時也是對日本AV太有信心。

為了拓展事務，朋友們又聽從人言，想把AV片斷搬上手機。那時候，手機看片，已成潮流，朋友們見獵心喜，就想方設法跟各電訊公司洽談。這本是一個非常好的意念，只是疏忽了客觀形勢，來商談的，都是電訊公司的小卒子，根本見不到高層，如何拍板？

這樣聊了好幾個月，無疾而終，朋友們迷戀網絡，改弦易轍，向網絡公司進軍，拉拉扯扯談了一段時候，成功了，花了一年，終於上網，會員有多少？不過十來人，那怎能賺錢！

不消說，又是滑鐵盧了，要命！

後來，ＡＶ女優來港宣傳，幫忙不大，朋友們怕事，不敢安排她們在娛樂場所工作，結果又賠了老本。

綜觀這場港日合作，吃虧的是咱們，日方毫無損失，做生意，難保一定賺，對不？可通過這樁事，正反映出日本ＡＶ事業已步入低潮，難發財，至少在香港如是！

三位女優風姿各異

說回那次日本三位AV女優襲港，分別是小森愛、葵司和辰巳唯。朋友是AV發燒友，與他談女優，由九十年代到今天，如數家珍，問他對今趟三女優的看法、意見，朋友說：「以我挑，小森愛第一，辰巳唯第二，葵司陪末席。」

嘿！一聽這樣說，我就有點疙瘩，因為我知道，在香港，論知名度，必然是葵司第一，AV發燒友朋友，何出此別樹一格的言論？

朋友「唉」了一聲，說：「朋友！看AV女優，咱們是要講年齡的，我今年五十多，怎會看中葵司這樣的小丫頭，倒是小森愛，彼此年齡近，溝通也容易。」

我好詭，問：「你要跟小森愛作什麼樣的溝通？」滿以為會令他窘，豈料朋友氣不喘、息不促，問道：「你猜！我的答案跟你的一樣！」好傢伙，一巴掌連我也打了進去！

小森愛年逾四十，前年復出拍AV，據說銷情還行，來港前兩天，又拍了一齣新的AV。

未來香港前，許多人都擔心四十小森愛可能見不得人，看到真人，都有相同的感覺——「呀！還行！」至少比香港往日的性感尤物更加好。

小森愛嬌小玲瓏，人也和氣，也許知道年齡吃虧，一路上都很矜持，不裝腔，也不作勢，只是靜靜地回答記者問題、讓龍友拍照，舉手投足，都展示了東洋女性的優雅，如果不說她是AV女優，走在馬路上，包管沒人能看得出來，難怪朋友心動如鹿撞。

中年的小森愛風韻猶存

這趟在香港最受歡迎的是辰巳唯和葵司，走在旺角馬路上，那些「潮氣」宅男，大聲呼叫她兩人的名字，手上的照相機，鎂光不住地閃。

女人街的小販人人在罵「阻住他們做生意」，怨聲四起。也有流氓小子，要想乘機揩油，可幸有十來個護法在旁，才不致出亂子。

辰巳唯、葵司都受歡迎，可性格上判然有別。

先說辰巳唯吧！人長得高，這在日本ＡＶ界少見，穿了高踭鞋子，比我高出半個頭，我有五呎八吋，這麼說連鞋子在內，辰巳唯起碼五呎十吋。這種高度，香港電影圈的女星也少有。

高個子，站在人群中，鶴立雞群，可性格跟小森愛一樣，好隨和，微笑整日掛在粉臉上，就是新鞋不合美足，痛了，也不吭聲。職業態度又好，聽龍友說，要求她擺有難度的「甫士」，她也遵命如儀，完全不當自己是一個走紅的ＡＶ女優。

律師L欣賞小森愛之餘，也喜歡上辰巳唯，說她是「東洋愛美神」。

不能不說說葵司，三人中她年紀最輕，二十二歲，少不更事，行為有驕態，路走得多了，說倦；記者到訪人多，又嫌太熱鬧，總之是怨言多多，工作少少。

我覺得奇怪，因為一般日本女星工作態度都很好，少有像葵司那樣。日本朋友說她年輕，不懂應付場面，我看不是，她有點恃寵生驕，以為自己是大明星，一舉一動都在模仿蒼井空，可不知她的知名度跟蒼井空仍大有距離。朋友認識蒼井空，豎起大拇指，誇她的工作態度一流。

負責單位的人，對葵司的表現很有氣，我勸說「不必氣，只要記。」下回嘛！莎喲娜啦！永不再見。

高個子辰巳唯

AV女優的真面目

AV女優不賣身

《面接》出版後，許多朋友以為我是AV專家，紛紛向我提問題。我就知道的一一解答，不知的就無法給以圓滿答案，不知為不知，是知也，我不能亂為「AV」打上註解。

前兩天晚上，在油麻地的酒吧喝酒，碰到了一些久未見面的江湖朋友，於是一起圍坐聊天。其中一位朋友知道我認識日本AV公司的老闆，問了我一個問題：「阿沈！有沒有辦法請幾個AV女優到香港我的場客串一下？」

嘿！這位朋友做的是色情偏門生意，「客串」者，實質是賣肉。我一聽，幾乎忍不住笑了起來，這個問題嘛，以前許多江湖朋友都曾向我提起過。

在他們的心目中，日本「AV女優」即等同於賣身的「妓女」，用錢就可以買到。這想法真是錯之極矣，他們不知道AV女優一向是賣藝不賣肉的。那麼不賣肉，為啥這樣大膽拍AV？真刀真槍，那跟賣肉有什麼分別？

告訴你！分別大矣哉！

拍AV，是她們的工作，賣肉等於賣春，犯法的。

四十年前，我在日本東京求學，課餘夥同日本朋友去淺草觀賞脫衣舞，看到舞孃們恬不羞耻地在舞台上袒裼裸裎，作出種種挑逗，我心裏一團火，遂以為她們作風如斯大膽，私生活一定很隨便，那麼，只要付與足夠鈔票，當能一親香澤。

將這個心意跟日本朋友說了，請他們代為說項，豈料換來他們瞠目結舌，面面相覷，不知作答。還是中村君率直，說：「葉君！你怎麼會有這個想法的？舞孃是賣藝不賣身的呀！」我聽了，很不明白，在香港，跳艷舞的都有一個價，日本脫衣舞孃有什麼相異的？

中村君向我解釋，在日本，女性跳脫衣舞，是一種正當職業，要交稅，跟賣春無涉。喔！這時候，我恍然了！日本人的性觀念跟咱們中國人是大大的不相同。因此我對AV女優有了進一步的了解，相信她們真的不會從事出賣自己的胴體來賺錢。

在日本，AV男女優的交接，僅限於電影裏，私人間並無往還。如果有人敢冒天下之大不韙，一旦東窗事發，他（她）就不用在AV業界裏混了。

就是AV公司的老闆、工作人員，也絕不會跟女優偷偷往來。他們只視女優為工作上的好伙伴，講得透徹一些，便是他們維持生計的「飯碗」。「飯碗」得要好好保養，哪能隨意砸碎！你説對不！

我將真相告知江湖朋友，聽得他們個個你瞧我一眼，我望你一眼，説不上話來。

日本人做的企業，都有他們非常嚴格的規矩，絕不能逾矩，誰膽敢越界闖關，都會遭到沒頂。

ＡＶ女優是女神

有人問我，ＡＶ女優到底是怎麼樣的人兒？我不作答，反問問的人有什麼想法！幾乎百分之八十五以上的人認為ＡＶ女優私底下一定跟熒幕上一樣放浪形骸，喜歡跟男人做那回事。

聽了，笑刺肚皮。

去年五月，日本ＡＶ公司的老闆瀨谷到香港來跟朋友談生意，朋友邀我作陪，談了一個晚上，雙方達成合作協議。事後，廟街那邊的一些江湖朋友，不知從哪裏聽到消息，居然跑來找我，劈頭第一句便是：「兄弟！有沒有辦法請ＡＶ女優到我架步客串？」

聽了，又一趟笑刺肚皮！

你們當ＡＶ女優是啥？有人給錢就出賣胴體的妓女？

你作這樣想，就大錯特錯了，ＡＶ女優全然不是那回事呀！朋友！首先，你們要明白，日本人的民族性跟咱們不同，我們把拍「小電影」當是色情，那麼作為小電影女星的女人必然是「妓女」了，那是「一加一」必等於「二」的概念，可日本人全然不是那回事，他們「一加一」不一定是「二」，是可以「三」或「四」的！

我的老朋友小崛是AV女優面接官，他很莊重也很嚴肅地告訴我：「AV女優是女性一份工作，袒裼裸裎，只是為了做好工作。」

聽了，恍然大悟！原來AV女優本身是自愛的女神，這真是意想不到。不過，再仔細想想，這也是的確有過的事，事情就發生在我身上。

且讓時光倒流到三十年前吧！那時候的我，流離浪蕩，沒一份固定的工作，時而客串寫稿，時而為電影公司寫劇本，總之沒有一份工作能幹得長久。有一天，我接到何藩導演的電話，要我幫他一個忙，原來他有一部新戲要開拍，女主角是日本明星，他要我代為「傳譯」。少不更事，以為自己的蹩腳日語到家了，挺胸答應下來。

那兩個女明星，都是日本有名的女演員，其中一個叫小田薰，個子不高，骨肉勻停，臉蕩小梨渦，一笑迷人。我見她秀氣溢面，還道她來拍青春愛情電影，可一想到何大導一向唯美，他的電影總得教女人脫衣服吧！難道小田薰是一個例外？

待看了劇本，才知道例外沒有，小田薰在電影裏有兩場肉帛相見的「脱戲」，其中一場還要跟男配角串演床上戲。看劇情，那是一場相當激烈的肉搏戲。這一下，我可抓腮挖耳了，橫看豎看，小田薰都不像那門子呀，怎會演繹這種戲？

那夜，挨到小田薰拍那場戲了，我央何藩讓我看，何藩說：「NO PROBLEM！你是傳譯，現場需要你。」於是我堂而皇之地站在一旁觀看了。

一聲「開麥拉」！咱的小田薰登時變了另外一個人，只見她時而眉目惺忪，嚶嚶啜泣；時而鶯嗔燕叱，嫵媚放蕩，看得我全身滾燙，幾不克自持。幕前幕後，宛若兩人，不知真相者，還以為我在順口胡謅呢！

當年的小田薰骨肉勻停，臉蕩小渦，一笑迷人

AV是正當企業

我對AV的了解，分兩個步驟。

先是當為「色情片」看，那是說有興趣的全然是男女雙方性器的交接。盤腸大戰、老漢推車、觀音坐簾，拍手叫好，從不當AV是什麼回事。

後來看多了，有點想法，印象隨之改觀。

無可諱言，有些AV拍得很濫很粗，可也有不少是精品，像小向美奈子的AV，就不同凡響，風格新，演技別有一功，令人看後，久不能忘。

曾經沉迷的小向美奈子

我向瀨谷社長問起小向美奈子，想知道為什麼她的表情如此與人不同？社長聽了，循例瞇着眼睛，說：「沈桑！那小妮子喜歡吞藥，吞了才拍，迷迷糊糊，拍出來就成了那個樣子。」

呀！原來如此！無心插柳，柳卻成蔭，奈何！

香港在上世紀八九十年代，也流行拍ＡＶ，廟街一帶的流氓，挑了幾個愛服ＬＳＤ的小飛女，租了簡陋的招待所房間，動用一部八厘米攝影機，找來一個男道友，便告開拍。這些香港ＡＶ質素之差，自可想而知，不提也罷！其後有徐一刀者，也拍了不少。徐一刀的ＡＶ，製作較為認真，主要是銷歐美，香港的市場不大。

據我所知，香港人拍ＡＶ，或多或少都會跟江湖集團有關係。少數投資者是「正當」（註：指並非江湖人物卻帶邪氣）生意人，因客觀環境，不得不仰仗黑幫。但大多數的投資者，是江湖人物，他們旗下有不少應召女郎，欠了錢還不出，便給抓去拍ＡＶ。

我把這種情況告訴了瀨谷，問日本的情形是否一樣？

滿以為所得答案會跟香港的情況大同小異，豈料聽了瀨谷一番話，才知道自己大大的跌了眼鏡。原來日本的ＡＶ從業員，最怕江湖人物，一提起，就蹙眉。

在東京，最大的幫會是住吉組，繼而是稻川會，這兩個黑幫團體，勢力龐大，黃賭毒都由他們控制，「AV」在我眼中當然是「黃色」事業，卻偏偏不讓黑幫管到。

日本所有AV事業，都跟黑幫劃清界綫。

AV老闆本身都是正經商人，視AV為一種企業，正正當當經營，奉公守法交稅，因而得到了警察的保障，黑幫都不敢插手。在日本，所有AV公司，都痛恨黑幫，旗下女優亦早被告誡不准與黑幫人物往來，一旦揭發，永不錄用。

「AV」在香港人眼中是色情電影，在日本卻是一樁正經事業，樣樣規模化、企業化，合同清晰，絕不亂來。AV女優也是當之為一種職業，工作時「太OPEN」，導演一聲「咳」，攝影機關閉，便回復一個正當女兒，不會隨意賣淫。

聽了，無法不佩服大和民族的組織和紀律性，這一點，真值得咱們的嫩模好好學習！

女優贈品

最近美國有個小電影女星，讓丈夫拍了三點全裸的寫真自傳集，怕銷路不佳，想出一條妙計，隨書奉呈贈品。你道是什麼樣的贈品？

說穿了，衛道人士必然會大喊「天呀！作什麼孽！」

原來女星隨書奉送女人最神秘地帶的「毛」。

五千冊限量版，每書奉呈一條耻毛，用密膠袋封着，並附女星親筆簽名。

對好此道者而言，這自然是珍品，因而消息一經傳出，五千冊寫真集迅即訂購一空。

莫以為這是嶄新「噱頭」，其實七十年代，日本寫真女星早已慣用，隨書奉呈贈品，乃寫真暢銷之「必殺技」也。七十年代，日本電影界尚未有「AV」，有的僅是「粉紅」（Pink Movie）映畫，充斥各大電影戲院。

什麼叫「粉紅電影」？有解釋的必要。所謂「粉紅」，顧名思義，當指美麗的女人，妖艷浪漫，引申開去，就是以美麗女人為主的性感電影。這種電影，有裸露鏡頭、做愛場面，但必固守一條底綫，就是女星只裸兩點，捍衛神秘地帶，而男人雄風所在，也不能公開示人。

因此，這種「粉紅電影」便是美國人口中的「軟心」電影，意即並非真做，男女上床，只假意作態，臉露陶醉於性愛的表情而已。

那年代，最紅的女星是田中真理和片桐夕子。這兩位女星外形氣質都不同，田中青春少艾，片桐成熟奔放。觀眾不同，受歡迎程度則不相伯仲。

田中、片桐都是紅星，表面風光，片酬卻極其有限，如無外快，很難支持日常的開銷，因而田中、片桐每年都會推出寫真集以濟生活。這些寫真集，全是粉紙彩色精印，大致分戶外和戶內兩類，內容當然都是兩點紛呈的裸照，姿態放恣誘人，烘動讀者春心。

自此，寫真集一浪隨一浪的出版，冊數繁多，讀者多看膩了，消化不來，銷路反覆下降，為救銷路，出版社就想出了附送「贈品」的良策。開始時是送田中或片桐的親筆照。漸漸此計不售，就想到贈送田中、片桐的香吻，讓兩人香吻印在奶白色和紙上，並灑上特製香水，吸引讀者購買。

貪婪的讀者，要求隨時日提升，慢慢地，香吻也不管用，出版商就想出由田中、片桐主持簽名會，並臨場送上香吻二十個，讀者以先到先得為準。

這樣一來，在酒店舉辦的簽名會頓時人山人海，沒差點兒軋塌了田中、片桐坐着的平台。

到了八十年代，ＡＶ盛行，ＡＶ天后愛染恭子性感迷人，身材完美，迹近維納斯。她是一個徹底的奉獻者，為了「谷」ＡＶ銷路，不惜在簽名會上，跟讀者作近距離接觸，任由十名最先到場的讀者撫摸上半身。這對好色的日本男影迷是多麼大的誘惑呀！

對大膽放浪的愛染恭子來說，送毛算啥！只要多人買她的ＡＶ欣賞，即便把自己送出去，也不成問題！

p.51 **女優贈品**

當年愛染恭子的寫真集

日本成人電影小史

日本「秀」映畫

在亞洲，日本是所有成人電影的始祖，如今最流行的所謂「AV」，在世界成人電影市場裏，鰲頭獨佔，美、英、法、德遠遠不如。正因為這樣，不少人開始研究日本成人電影的發展歷史。

香港的大學如香港大學也早開設了這一門課程，供有志者選讀，所以，「AV」已不是什麼見不得光的物事，相反一躍變為一種學科。研究「AV」的人，把發展過程、對社會的影響如實寫下來，就成為了畢業論文。

我在日本生活了一段時間，目覩日本成人電影的發展，我不是什麼學者，不曉得分析，更遑論研究，我只是將我知道的寫一些出來，供讀者們作茶餘飯後的談佐。

以前我一直以為日本的成人電影始於六十年代，最近翻查有關書籍，才知弄錯了，成人電影遠在五十年代已開始製作。

一九五七年，日本電影界出現了一種專門以脫衣舞孃為拍攝對象的電影，片名十分誘惑，叫什麼《裸的天使》、《赤裸公主》、《東京艷舞》等等，單看片名，便知道是純粹賣弄色情的東西。

這種電影雖說「色情」，在某種角度上，也確實反映出當時日本庶民的生活，因而深受中下階層觀眾的歡迎，電影屢創好票房。

一九五八年，一家叫「國映」的電影公司成立了。這家公司專門拍攝成人電影，為了有別一般低俗的同類型電影，吸引觀眾們的注意，聰明的製片家終於為它改用了一個非常優雅的名字，叫「SHOW（秀）」映畫。

這種「秀」映畫，獨創了新的發行網，它另闢蹊踁，改在「東映」和「松竹」院綫放映。這兩條院綫，除了「大映」院綫外，已是當時日本擁有最多戲院、最有影響力的院綫了。「秀」映畫在這種有利的背景條件支撐底下，迅即瘋魔了日本的大部分電影觀眾。看電影的人多了起來，戰後蕭條的經濟，剎那間，一反常態，出現了「小陽春」現象。

「秀」映畫，雖然賣座，只屬小本經營，據導演池島豐的回憶，這類電影片長僅一小時左右，製作費不過二百至三百萬日圓，以當時日圓兌港幣的匯率算，約是港幣十五萬到十八萬五千左右，實在太便宜了。製作費少，一切因陋就簡，電影的質素自然不會太高，很快，貪心的觀眾不滿意了，「秀」映畫開始走進衰落之坂。

一九六二年，有一部叫《肉體市場》的電影上映了，這是「大藏」映畫公司的出品，小林悟導演，香取環、扇町京子主演。為有別於「秀」映畫，影評家替它換了個名號叫「色慾電影」，亦即「粉紅」映畫。

這些「粉紅」映畫的內容比「秀」映畫廣泛，除了脱衣舞孃，還加插了強姦、血腥、暴力等元素，豐富了色情電影的內容，於是漸漸成為了那時期成人電影的主流。

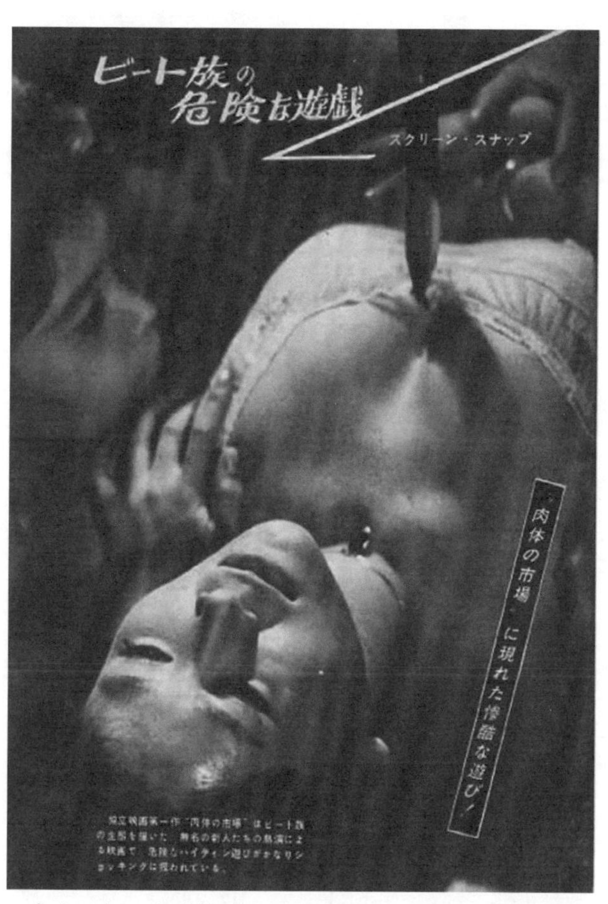

一九六二年，上映的電影《肉體市場》打開成人電影熱潮

「粉紅」映畫與古裝色情

日本有史以來第一部「粉紅」映畫，是由關孝二導演的《情慾的洞窟》。這部電影，空前賣座，於是各電影公司開始爭相拍攝同類型的電影。

這一年，共有二十四部「粉紅」映畫上映。其中最膾炙人口的有「大藏」的《性的變則》、「第七組」的《熱情的呻吟》、「國映」的《新婚翳悶》、「中映」的《女人的腸子》、「第八藝術」的《女體難破船》和「東京企畫」的《甘香的陷阱》。

無論「大藏」、「日映」、「東京企畫」都是小型電影公司，財力有限，因為拍了「粉紅」映畫，都賺了大錢。於是大電影公司眼紅了，爭相要做「影霸」，要把小公司鬥臭鬥倒。

五大公司「日活」、「東映」、「松竹」、「大映」和「東寶」也一窩蜂地拍攝了大量「粉紅」映畫。大公司，大手筆，男角俊，女角艷，拍得出位大膽，小電影哪是對手，關門的關門，停產的停產。

到一九六四年，「粉紅」映畫到達了顛峰期，僅一年之內，產量已高達九十八部。別以為「粉紅」映畫是成人電影，就全無質素可言，這種想法可謂荒謬而又不切實際。喜歡看日本成人電影的人，一定聽過若松孝二的名字，他以獨特的拍攝風格，獨步日本影壇，盛名不下於大島渚，而跟鈴木清順齊名。

聰明的電影人，腦筋靈活，很快就明白純靠女人肉體，絕對滿足不了觀眾的慾望，於是「粉紅暴力」映畫在這時期出現了。始創者便是大電影公司「東映」映畫社。

不過，「粉紅暴力」映畫也不是一帆風順的，第一部由天尾完次夥同鈴木則文聯導的《忍之卍》於六八年首映時，由於女主角裸裎不多，色情成分不足，吸引性大減，賣座不如理想，「東映」賠了本。

日本人素有武士道精神，小小失敗，並沒有令「東映」卻步，汲取了第一部電影的失敗經驗，同年「東映」推出由石井輝男導演的《德川女系圖》和《德川女刑罰史》，賣座空前，開創了古裝色情電影的先河。

從六十年代到七十年代，「東映」拍攝了多部著名的「粉紅暴力」映畫，其中改編自最著名偵探小說作家江戶川亂步的《恐怖人間》，不獨是色香味俱全，而且藝術程度濃烈，成為雅俗共賞的優秀電影。

古裝色情電影賣座，電影製作人又匠心獨運，另闢蹊徑，拍攝了大量「極道香豔」映畫。

什麼叫做「極道」？這就是我們香港人口中的「黑社會」。日本黑社會和香港的不盡相同，它是政府承認的合法團體，成員可派發名片，自稱「極道成員」。

（註：陳惠敏宣稱政府只是默認，并非合法。）

「極道香艷」映畫，最出名的自然是由小林旭跟賓戶錠兩人合作的一系列浪漫黑社會電影，有女星的出浴鏡頭，也有激烈的床上性愛描述。這類電影，迅即瘋魔萬千青年男女，小林旭成為了日本女觀眾心目中的「天字第一號帥哥」，而賓戶錠也就順理成章塑造了反派巨星的形象。

「粉紅」映畫扭轉日本電影

那為什麼會有「粉紅」映畫的出現？

樫原辰郎是電影導演，他寫的有關「成人電影的發展」，自然甚具參考價值，不妨借來一用，談一談日本成人電影的源流和發展。「成人電影」起源於六十年代中期，那時的名稱叫「粉紅」映畫。（看！多浪漫！）電影情節環繞兩性關係的描述，女明星裸露上身，在床上作出種種性反應表情。自昭和敗戰以來，市面從沒有相同性質的電影出現，因此「粉紅」映畫，甫出現，就受到觀眾的熱烈追捧。

據樫原辰郎的說法是由於六十年代中期的日本，電視開始普及，直接構成了電影的沒落。電視普及，價格下降，於是平民百姓人人有能力擁有一台電視機，日夜有免費節目可供收看，又何必跑去戲院看電影！這樣一來，日本電影事業就漸次進入了「夕陽」期，不少大型電影公司相繼倒閉。

為了挽救電影事業，一九六四年（奧林匹克年）日本影壇出現了「粉紅」映畫。由於賣座不俗，引起不少電影公司紛紛爭拍「粉紅」映畫。

本來以拍攝時代（武俠）電影為主的「東映」，六十年代下半期也開始改變拍

池玲子主演的《溫泉蚯蚓藝伎》

攝方針。七一年推出了由池玲子和杉本美樹主演的《溫泉蚯蚓藝伎》。而池玲子也就憑着這部電影，成為了日本影壇第一代的性感艷星。

「東映」得嚐甜頭，全速拍攝「粉紅」映畫以挽頹勢，方針一分為二：（一）幫會電影；（二）「粉紅」映畫。事實上，「東映」也是在這兩條交叉拍攝方向底下，得以苟延殘喘，不致關門大吉。

同年，日本最大的電影公司「大映」倒閉，電影界進入了窮途末路的慘境。影響所及，日本最老歷史的「日活」也逼得來個「大變身」。「日活」在拍攝由巨星石原裕次郎主演的傳統幫會電影之餘，一邊開拓自創的「浪漫色情」電影。

於是各類艷星如雨後春筍，紛紛湧現。

「日活」首拍的「浪漫色情」電影便是《團地妻・晌午的情事》和《色曆大奧秘話》，前者是時裝片，後者是古裝宮闈電影。

所謂「團地」，便是我們香港人的屋邨，「團地妻」就是家庭主婦。這部電影的女主角白川和子，成熟、性感，迅即俘虜了千萬男觀眾的心。

白川和子之後，又冒起了原悦子、畑中葉子和田中真理。

可以說，田中真理的出現，拯救了「日活」頻臨破產的困局。她的處女作《魔性之香》，上映後，賣座壓倒了所有同類電影，而她也一躍成為「浪漫色情」電影女王。

大島渚・感官世界

說到日本的「粉紅」映畫，不能不提五月綠，她是第一代的「熟女」，女人味醇濃，宮下順子尚有不如，可惜今日追捧AV的朋友，已沒幾個能記得起五月綠了。

五月綠以後，「熟女」有不少，除了宮下順子，白川和子和愛染恭子也是名副其實的接班人。愛染恭子敬業樂業，五十多歲方才光榮退休。說起來，日本的性感女優，演藝生命都比較長，順子、恭子且不說，小林瞳和冴島奈緒，四十開外，此刻還在拍AV。小林瞳更了不起，地位超然，不但身為AV女王，而且還參與正規電影拍攝，同時還演出電視長劇，正邪兼備，那真是一個異數。

「日活」在七十年代開拍「浪漫色情」電影，以別「東映」的「粉紅」映畫。

到底二者有何不同？分野在資金方面。「粉紅」映畫是低成本製作，而「浪漫色情」電影，成本打得較高，除製作費加碼外，還兼顧宣傳。因此，水準往往比前者高，也更受觀眾歡迎。

「浪漫色情」電影，頗多經典之作，其中最受人注目的是池波志乃主演的《白色濕濡之夏》和水原夕紀主演的《紅色醜聞情事》。

由於劇本精細，言之有物，加以攝製嚴謹，演員演出精采，這兩部電影還吸引了「非色情觀眾」進入戲院觀影。觀眾層拉闊了，電影的盈利便大大提高，這促成了「日活」、「東映」投入更大的資金，拍攝更多精緻細膩的「浪漫色情」電影，這又間接挽救了一度衰落的電影事業。

「浪漫色情」電影廣受歡迎，連「非色情觀眾」也被吸引駐步戲院，於是有導演別出心裁，在七十年代拍攝了色情藝術電影。

大島渚七六年的《感官世界》是箇中代表作，《感官世界》不但震驚日本影壇，還在康城電影節獲得了高度好評。大島渚拍電影，手法大膽，意識前衛，男女的性器官也給展現銀幕，其驚世駭俗的作風，在七十年代，可謂嚇怕世上衛道之士。

大島渚《感官世界》宣傳海報

除了大島渚，若松孝二、鈴木清順也是色情藝術電影的好手。若松的《天使之恍惚》，鈴木的《肉體入門》都是一等一的傑作。

這種電影，吸引了不少知識分子的欣賞，在某個時期，的確成為了色情電影的主流，可後來由於導演們過於側重技巧的賣弄，忽略了劇本的原整性，很快就衰落下來，再無法跟「浪漫色情」電影相頡頏。

七十年代中期，歐美性愛電影流入日本，這些電影，全屬「H．C．」（硬心，即三點畢露），囿於法規，在日本不能原裝播映，電影公司只好修輯和在秘處打上方格遮掩。

好色的日本觀眾哪會看得過癮，於是通過地下渠道，買進影帶，在家裏收看，這一來就嚴重影響了性愛電影的票房。為了應付嚴竣的局面，「映倫」（日本電檢處）終於稍作讓步，允許「H．C．」打格上映，總算召回一些觀眾步入戲院。無論「粉紅」映畫，「浪漫色情」，踏入八十年代都湮沒了，從此不見人間。

我在日本的成人映畫體驗記

新手上路

我初到東京，第一件大事是去看「成人電影」。在書店買了本小型地圖，翻開看，找新宿的位置所在。

記得赴日前，在「大丸」買了本《日本遊》的指引書，內裏一頁，這樣寫着——「日本以東京為首都，都內的娛樂區以銀座、新宿最著名。前者是高消費檔次，類似香港的尖沙咀；後者新宿是庶民消遣之地，跟旺角相類。」我是窮學生，自然鎖定新宿。

從住處新橋乘「山手」綫，不到半小時便到新宿。那是一個大型地區，街道縱橫交錯，蜿蜒曲折，一個陌生人要找目標，並不容易。於是我就向過路的人打聽，不會講日語，路人又不會説英語，雞同鴨講，這時候懂漢字的我，佔了便宜，我在名片背頁的空格上寫着「新宿歌舞伎町、成人映畫？」遞與路人看。

路人猛點頭：「呀！蘇的斯！」（明白了！）接住嘰哩呱啦一連串日語，我當然是一個字也聽不懂，站在那裏，呆若木雞。路人知道我聽不懂，挽住我手，走了一條街，迎面截住另一個路人，又說了幾句，就把我交與那個路人。

那個路人二話不說，引我過了馬路，走了五分鐘，指住一幢頗為殘舊的大廈，點點頭。

不用他說，我也知道那是放映成人映畫的戲院了。戲院的廣告牆上貼滿了誘人的女優海報，微笑地看着我，似乎在招手讓我進去。

第一齣看的是宮下順子的《團地妻》（團地即香港的屋邨，為平民所居之地），電影拍得真好，既有劇情，復有映象，宮下順子演技好，床上床下都有豐富的表情。

於是我領教了日本成人映畫的妙處——不專為炫耀女性胴體而拍攝成人電影，在某種程度上，還有意地反映了當時日本社會的真實面貌，這跟我在香港所想像的成人電影大有不同。

我有了一個概念——日本人真了不起，拍色情電影，也不含糊。導演認真，劇本嚴謹，演員賣力，這樣的成人映畫，香港絕對看不到（時至今日，香港還不曾有一部成人電影的代表作）。我不由得大為佩服，發狠要學好日語。

宮下順子的《團地妻》電影系列

那時候，還未流行錄影帶，要看成人映畫，只有兩途。一是光顧戲院。日本這類戲院，有大有小，多如過江之鯽，觀影很方便。其次便是看十六厘米的小格電影。

林原神通廣大，居然從台灣先輩那裏弄來一台放映機和三個拷貝，我倆在林原家放來自看。

記得一部是片桐夕子主演的《媽媽生》，其他兩部記不得了，好像是有白川和子的電影。片桐和白川當年跟宮下齊名，年齡都在二十五六左右，正是女人正成熟的時候，不必三點畢露，已足教男人鼻血直流。

在家裏看成人映畫，跟在戲院看是兩碼子的事。在家裏，我們可以恣意評價女優的胴體、樣貌；在戲院，你說話多，日本觀眾即會向你怒目而視。到底日本人是「禮貌」的嚴守者，哪容你放肆！

塞翁失馬焉知宮下順子

其實，一開始我不是想看宮下順子的。在香港我也看過日本成人電影，印象最深的艷星有三位，就是泉京子、綠魔子和三原葉子。

泉京子有一部艷情電影叫《女經》，「日活株式會社」出品，描述採珠女郎的生活。身材豐滿的泉京子挺着裸露的胸脯，在水底採珠，水光掩映，肉影泛動，煞是誘人，鏡頭至今未忘。

綠魔子是一個「性感小野貓」，身材不高，也不算豐滿，可天生有股妖野氣味，令男人沉醉。有一部電影，她跟梅宮辰夫搭檔，綠魔子演夜總會陪坐小姐，梅宮飾流氓，專吃軟飯。兩人的演出，嚴絲合縫，尤其是性愛場面，既激烈又誘惑，死掉我不少細胞。

至於三原葉子，六七十年代紅遍日本影壇，她是那種「貴妃豐腴」的尤物，僅是胸前「巨物」，已足惑人，盡教天下男兒競折腰。知好色而慕少艾，這三位艷星是我少年時追慕傾拜的對象。

到了日本東京，滿以為可以重溫她們的電影，甚至有緣可相會，豈料一向日友探問，才知道三位尤物早已榮休了。

那時候，戲院賣票的「奧巴桑」笑着對我說：「香港人！你說的那三位，早不拍電影了，你要看新的一代，她們更性感！更迷人！」賣花自然讚花香，奧巴桑想的是我購票入場觀影（日本優待留學生，戲票半價），我當然不會拒絕，樂意聽命。

在日本看的日本成人電影，有一部是宮下順子主演的《濕濡熟女》。「熟女」是日本語，意謂「成熟的女人」，也就是現今香港流行語的所謂「中女」。

宮下順子身形嬌小，穿了和服，更是楚楚可憐，她飾演「人妻」角色，貼切合身，真不作他人之想。我看的那部電影，故事是寫順子的丈夫因工作常要出差到外地去，寂寞蘭閨，柔情一寸愁千縷，順子輾轉難眠。恰巧鄰家搬進了一個大學生，英挺活潑、身形魁梧，順子一見心動。故事到了末段，自然是一大一小上床成其好事。

紙不能包火，給丈夫撞破了，竟然不怒，反而自悔冷落嬌妻，自此更加愛憐順子。電影結尾的一場床戲，迄今印象猶深，順子的聲聲哀啼，直令坐懷不亂的柳下惠也會心動。這是我看過拍得最精采的性愛場面，可以說日本人拍成人電影，的確有一手。

成人電影女明星番外篇

女王恭子

報載日本成人電影始祖女優日向明子逝世，享年五十六歲。說日向明子是成人電影始祖，似有過譽之嫌。明子原名小邊妙子，七九年才正式拍攝「日活」電影《白色膨脹物》，以時間論，比田中真理、片桐夕子和宮下順子起碼晚了八年以上。

我看過的明子電影，僅有一部，那便是《潮吹海女》。買錄映帶觀看，並非欣賞明子，而是緬懷六十年代泉京子的《女經》。電影描寫的正是海女採珠的故事，泉京子穿了短布褲，赤裸上身，潛進海底採珠，酥胸在水中乍現乍隱，十分誘人，因而給我留下十分深刻的印象。

日本七十年代的成人電影女星，我最喜歡的是宮下順子、白川和子和片桐夕子。今日無意中翻雜誌，看到了對愛染恭子的報導，縱橫成人電影圈三十五年的恭子，終於在二〇〇八年光榮退休。

退休之際，恭子作出了異於常人的舉動，先為名導演團鬼六拍了一部叫「奴隸船」的電影，跟住在迷你劇場「蕨」，演出最後一場脱衣舞。

愛染恭子的告別作《奴隸船》

愛染恭子拍成人電影，相信大多數人都會以為她必然出身於一個貧窮的家庭，父母疏於教導，才會「一失足成千古恨」。可看到了恭子跟記者南都洋一的「對談」，你就會感到愕然，原來恭子出身於一個傳統家庭，父母管教甚嚴，因而令恭子有一種叛逆之心，希望在高中畢業後，離家出走去找新天地。

高中畢業，恭子考入裁剪學校寄宿，臨入學前，跑到新宿買東西，正巧遇上了「成人電影大王」代代木忠的職員，一番甜言蜜語上了鈎，從此踏上「成人電影」之路。那年她才十八歲，改藝名為「青山涼子」，第一部電影，是「粉紅」映畫，屬「軟心」類型，性愛鏡頭只需裝個享受的面部表情，不用真正接觸，十分容易應付。

據恭子説，那時候，拍一部成人電影，薪酬有四萬，一日便可拍竣。一個月拍二十五部，入息一百萬，所以到了二十歲之齡，恭子已能買下一幢房子，成為有產階級。

臨離開日本前，林原請我去看成人電影，地點是新宿，那部電影叫《痴漢地下鐵》，描述痴漢（色狼）在地下鐵車廂裏性騷擾女乘客。這部電影的女主角便是青山涼子，印象中，涼子演得非常放，她那年只不過十八歲，無論面部表情和身形，都散發着成熟女人的氣味，着實難得。我對林原說：「這位青山涼子，假以時日，必是宮下順子的接班人。」林原是田中真理迷，聽了唯唯否否，不加意見。

後來我回香港，很少留意成人電影。八十年代以後，成人電影式微，代之而起的是「AV」，這時候，愛染恭子出現了，名聲很大，但我更注意的是畑中葉子、白川和子、池波志乃、水原夕紀，尤其是白川和子，她的《團地妻・晌午的情事》，由西村昭五部導演，既有情節，更兼有挑逗場面，真是看得人血脈賁張，拍腿叫好。

可是愛染恭子的名聲很快就淹蓋了白川和子和畑中葉子，八一年我看到她主演的《白日夢》後，就成為了她的粉絲。

在迷你劇場「蕨」，作告別脱衣舞演出，全場爆滿，人人爭相動手撫摸愛染恭子充滿「熟女」氣味的胴體，她是來者不拒，光榮退役。

「清純的田中真理」

日本人看成人電影，頗鍾情於美少女。

在日本大街小巷的報攤上，都會看到美少女的寫真集，定價廉貴不一，可都印刷精美。隨手買了幾本看，發現了一個共同點——少女們大多穿上各式各樣的制服，擺開誘人的姿勢。不過，儘管姿勢如何誘人，那時囿於法律，不能露毛。比起香港和歐美，日本在這方面的尺度，明顯落後。

到了日本三個多月，認識了清水大哥，他手下門路多，隨時可以覓得日本女郎的全身寫真集，這都是地下出版社出版，在地下廣為流傳。這些地下寫真集，比市面上的要精采多了，不但全裸，還有器官大特寫，讓你一窺全豹，噴血不止。

不知怎的，每看到這些特寫，我都想作嘔，女人的胴體本來是美麗的，對男人充滿了誘惑，可硬要誇大某部分的器官，那就徹底破壞了男人那種朦朧的「性幻想」，弄巧反拙，幫了倒忙。

回說成人電影，老闆為了票房，往往別出心裁炮製一系列的「美少女粉紅浪漫」電影。這些電影，雖由成人女優掛帥，可拍出來的而且確有少女的味道，足令男人遐想。那時候，最紅的女優是田中真理。

田中真理外貌清純，體態勻稱，扮起美少女，維妙維肖，入木三分。

外貌清純的田中真理

有一部田中真理主演的電影叫《痴男施暴記》。田中真理在電影裏，演一個女高中生，天生麗質，自然有不少男同學拜倒石榴裙下。偏偏真理崖岸孤僻，不予理睬。這班少男自是由愛生恨，心有不忿，圍聚密謀作弄真理。

一夕下課，真理沿路歸家，走過一條清靜小巷，突然冒出了四個蒙面少男，團團把她圍住。真理大吃一驚，轉身欲逃，巷口已給封死，於是一眾五人，你逃我追，你奔我逐，最後，真理終於給抓住。

起初少男們心存作弄，把真理推來推去，在推撞之間，真理的校服敞開了，露出粉紅色的胸圍，跟住校裙撕裂了，伸出雪白修長的玉腿……這一下子，四個蒙面少男發狂了，像餓狼一樣的撲向真理，八隻蒲扇大手，盡在真理晶瑩的玉體上遊弋。

真理發出乞求的哀鳴，幽怨淒楚，可巷口人跡渺，任她喊破喉嚨也沒人援手。可憐的真理，終成獵物。

情節發展下去，出人意表。真理經過四位少男的挑撥，慾火高升，最後，反客為主，把那四個少男折騰得跪地求饒。真理搖首乞憐，聲聲「馱目，馱目（不要不要）」，至今仍存我耳際。

日本成人電影，不僅為暴露而暴露，而且還往往包含黑色幽默，這是研究日本成人電影的學者所不能忽視的。

記情色大師川上宗薰

川上宗薰「樂而不淫」

看到老朋友葉秋桐談上世紀八〇年代香港情色雜誌，不期然想起已逝日本作家川上宗薰。上世紀七〇年代初，遊學東京，每天看日本雜誌，其中最中我意的是《大眾週刊》和《郵政週刊》，兩者都能做到與讀者同樂的地步，風趣生動，素材豐富，偶然也會插上兩三張美麗得動人心弦的艷照，調劑遠方遊子的苦悶心情。套一句適當話語來形容，便是樂而不淫。千萬別看輕「樂而不淫」這四個字，知易行難，實際上可不易做得好。

《大眾》、《郵政》許多時都刊載川上宗薰的小說，有一貫路綫，描寫性愛。依世俗眼光看，皆可定為色情小說（日本稱官能小說）的範疇。真有這麼簡單？細細瞧，不難發現有一點與眾不同的地方，乃是在性愛背後，往往隱藏着川上對人性的批判，大別於一般色情小說、這一點，他比同輩宇能鴻一郎、闌光生等高明得多矣！我第一次看川上的小說，是在我懂得日語後不久，書名記不起了，大抵是描寫寡婦偷情的故事，只是川上的敘事能力的確高明，將通俗乏味的情節，寫得高潮迭起，看畢，回味不已。後來又讀到雙葉社文庫本的《感度》，趣味盎然，一口氣看完，嗣後中了川上毒，傾囊把他其他作品都買回來細看，愈看愈過癮，忍不住抽了一篇短篇翻譯，寄到香港報刊。一月後，原稿退回，並附編者的回函曰——「譯稿拜讀，筆下生花，佳甚；惜乎內容意識欠佳，暫未能刊，敬希原宥。」世俗眼光多如是，惟有自認倒楣，而川上作品，亦終未能跟香港讀者見面，這是讀者的損失。那位編輯可能不知道川上的小說曾入選芥川後補賞，能入此殿堂者，豈是等閒之輩？

官能大文豪川上宗薰

官能大文豪

川上宗薰是那年代日本文壇上最著名的官能小說大文豪，有人甚至將他跟明治時代的永井荷風相比。那當然是抬舉了川上宗薰，寫作技巧和內涵以論，川上是遠遠不逮永井的。

永井荷風是明治時代文壇上的怪人，他擁博士頭銜，卻不愛在大學任教，而專喜流連吉原遊廊（紅燈區），日夕跟妓女泡在一起。如果你以為他是文士風流，揮霍無度，那你就大錯特錯了，咱們的永井大文豪，愛的雖是女色，可更愛鈔票。他跟妓女錙銖必較。有個妓女跟他同棲，永井居然要她每天把花費出去的錢記賬，入睡前，交由他過目。

如此吝嗇，為什麼還有那麼多妓女喜歡永井？原因簡單之至，就是愛永井荷風的才。

川上宗薰在這一點上，甚類永井，所不同的是，他沒泡吉原遊廊（那時遊廊已式微），而是每夜踎在酒吧和會所裏。

川上喜歡到銀座、新宿的酒吧和會所，跟永井不相同，他豪邁大方，花錢如流水，一擲萬金，毫無懼色。

七三年的秋天，我跟伴野朗（日本名作家，那時他還是報館的記者）結伴同遊新宿，在一家頗高級的酒吧裏，蹤巧遇見了川上宗薰。伴野朗昔前訪問過他，於是走過去寒喧，並順便介紹我與川上宗薰認識。

川上一聽我來自香港，十分感興趣，拉着我「嘰哩咕嚕」地聊，這一聊，足足聊了一個多小時，清酒喝了三大瓶，美女陪了兩個小時，我跟伴野朗手心滲汗，心想：這張單子可不便宜呀！正自擔心能否付得起，十一點半，川上宗薰說要走了，拖着我跟伴野朗離開酒吧。伴野朗顫聲問：「老師！好……好像還沒結賬哪！」

川上宗薰一聽，哈哈笑起來：「結什麼賬，我是月結的！」後來我跟伴野朗細細結算，那夜賬單當在日圓二十萬以上，那就是港幣五千，在七十年代，那是「天價」哪！

三小女人是精品

那天川上宗薰請了我跟伴野朗喝酒，讓我倆有了一個非常愉快的晚上。可能是出於感恩的心念吧！第二天中午，我走到家居附近的書店，買了一本川上宗薰的《性的冒險》回家細看。僅花了一個下午辰光，我便把它啃完了。

川上宗薰的《性的冒險》

女、熟女，職業階層廣泛，有高校生，家庭主婦，會所三陪女郎，甚或二三流的女藝員。男主角把他跟對手的床上經歷一一鉅細無遺地寫了下來，構成《性的冒險》。《性的冒險》，故事很平常，寫一個中年男人背妻狩獵，所遇對象，包括了少

照我看，那可不是什麼冒險，而只係性的狩獵而已。不過，川上的性愛小說，有一個十分鮮明的特點，便是在解剖女人胴體方面，有非常特出的描述，不妨試列一小段——「純子的眼睛愈閉愈小，最後成了一條綫兒，跟住，從嘴裏洩出來的夢囈似的呻吟聲，着實打動了有吉的心絃，他準備好了，深深吸了口氣，就進入了。純子忽地呵的一聲，眼睛那裏連一條縫兒也消失了。之後，不知經過多少時候，純子擱在有吉肩上的素白右腿，它的玉趾，已呈彎曲的現象。」

這種對性愛的描述，真是細緻精闢，只有對女性胴體有深刻了解的人，才能寫得如此精采。

我有點佩服，同時也懷着感謝的心，向川上寫了一封簡單的日本信，寄到出版社，一邊多謝他慷慨的招待，另一邊也道出了對他作品的個人感受。滿以為不會獲覆，豈料一個星期後，川上的信居然寄到我松原的蝸居。

信裏表示很多謝我看他的書和對小說的評價，因而感到有必要再見一次面。信末附上家裏的電話，着我收到信後在下午四時後打電話給他。

我商諸伴野朗，伴野朗認為既然川上先生已提出了再見的邀請，我們當然要依約前往。於是我打了電話給川上，用洋涇濱日語跟他約定周末夜九點，在上次晤面的酒吧見面。

周末八點半，我已跟伴野朗到埗了。等到九點十五分，川上來了，這晚他穿了白西裝，裏面是普藍企領襯衣，顯得十分飄逸。

一到埗，川上舉手要了一瓶黑牌威士忌，另加一大盆壽司和燒雞。三人邊吃邊聊。川上很高興我能看得出他對女性胴體的了解。

他說：「你們古代的中國人十分了不起，喜歡女人纏足。女人纏足，臀部就更發達，影響所及，那兒就更逼仄了。」所謂「那兒」，便是日本人口中常說的名器。

川上三杯黃湯下肚，說話有如黃河缺堤，收不住，滔滔不絕。

「沈樣！我告訴你，看女人只消看三個地方，你猜是哪兒？」川上笑咪咪地問。

我回答是「腰部，雙腳和眼睛。」川上聽了，拍了一下腿：「好！沈樣行！不過只答對了一樣，除了眼睛，還要看女人的耳洞和鼻孔，這三個地方若是小而精巧，就代表這個女人擁有名器。」

這句話，至今仍縈繞在我腦海裏，只可惜川上先生已作古多年，再無可能親聆教益了。據説奪去他性命的是癌魔。入院開刀，醫生告訴他命不久矣，川上一聽，哈哈笑起來：「這可好呀，難得有此體驗嘆！」灑脱跟古龍相彷彿。

中日春畫觀摩記

李翰祥的明朝春畫

七十年代中期，我偶去李翰祥的家，除了談電影，還看他的珍藏。李翰祥是古董專家，家裏收藏甚豐，尤多明清瓷器，他喜歡描金花瓶，大小都有，與我看，要我給意見。天哪！那時候我年方二十多，哪懂古董！看得顏色艷、人物活，就覺得是好貨色。

李翰祥哈哈大笑：「小葉！你不懂！你不懂！看古董，要看工藝、瓷質，構圖是其次。」我哪敢多言，唯唯噤聲。

其實那時候，我不愛古董，反而喜歡畫，小時候，跟何健老師學過畫，只是未到動用毛筆揮毫程度，可基本美術概念，卻是懂的。

李家有不少藏畫，多是明清兩朝，這裏面有真有假，假的也不能說假，乃是仿作，那等如張大千摹石濤的畫，是仿作，卻是精品。

芸芸收藏中，我獨愛明朝春畫。這春畫，咱們李大導多的是，知我知好色而慕少艾，就搬出珍藏與我分享。嘩！琳瑯滿目，美不勝收。

李大導說：「明代仇十洲最精，我手邊沒有真跡，只有木刻水印，刻工不俗，捧在手裏看，以假作真，也會引遐思。」仇十洲便是仇英，繪有《燕寢怡情圖》，畫共十二幅，亦有《十榮圖》，今已失傳。

仇英《燕寢怡情圖》其一

我從來就不慕名氣，好講實際，看了仇十洲的木刻水印，轉看其他畫冊，有一冊，迄今印象難忘，靛青織錦布面，白底描金字寫着《明代民間嬉春圖》，厚三十頁，畫共二十五幅，五頁序跋，作者不詳。打開看，都是男女嬉春圖，其中有三幅，是連作。

第一幅小姐跟丫環二人在園裏閒坐，可能天熱，小姐衣襟半敞，丫環在旁撥扇。此畫最精處，在於小姐神韻勾勒，杏眼半閉，櫻唇微張，髮梢披後，脖子輕仰，一抹春意，抹於小姐臉上。

第二幅小姐已坐上鞦韆，上衣卸至肩膊，露出嶺上紅梅，雙腿左右分開，雪白丰腴，丫環則從旁推鞦韆。

第三幅，也是連作最後一幅，最最精采。畫中立有一壯漢，面對鞦韆，露出龐然巨物，正正對準小姐牡戶，鞦韆盪來，一棒拿下。小姐粉頸仰後，櫻唇噏張，似樂極叫喊，而在旁丫環亦已忍不住雙手撫胸耳。

這張春畫形神俱備，綫條細緻而有力，可謂春畫中之精品，可惜作者佚其名，不然當有更多故事可為大家告。

李翰祥告我唐寅亦曾繪過春畫，可惜他未曾目睹。我想有人手邊有唐寅的春畫，拿到拍賣場拍賣，那必定是天價矣！

日本浮世繪也有春畫

日本也有春畫，浮世繪裏有部分便是這一類，有人喜歡喜多川歌麿，我則獨喜菱川師宣。菱川的春畫，畫工細密多致，於女人素腿，刻劃猶精，我在留學時期看過不少，亦曾藏有兩三冊，回港時，分送朋友，假定今日尚存手邊，分一冊給老同學欣賞又有何妨！

菱川師宣的作品

浮世繪得到普羅大眾的欣賞，那是江戶時代的事了，那時候，吉原遊廊歌舞昇平，城開不夜，遊女倚徙盤礴於賓客之間，或弦琴，或歌舞，紙醉金迷，艷舞魂銷。有畫家目睹此種風情，遂提起彩筆，一一描繪，並非工筆，而係稍帶寫意，繪成的女人，體態傾向豐腴肥美，多唐朝玉環而少漢代飛燕。由此可見那時江戶男士以肥為美，瘦則不受歡迎。

這些畫因以遊女、平常庶民生活為主要內容，若似「浮世」，後世遂稱之為「浮世繪」。

我過去手邊所藏的菱川師宣畫冊是集英社版，本係一套十二本，我只取三冊菱川作品，主要是我欣賞他多於歌麿。我喜歡菱川的綫條，他的着色，予人有繁花似錦的感覺，而遊女臉容亦抹着一層春風，嬌媚似花，輕柔如絮，的是人間妙品。

到了近代，浮世繪已不如昔日之受歡迎，繼之而起的是一列現代春畫，我友平山（三年前物故），本是一個美術設計，受了浮世繪的啟發，發憤寫春畫。看過幾幅，印象平平，遠遠比不上浮世繪。

想想今日社會，AV、粉紅映畫流行，人們要看春意兩相歡，何必捨近圖遠，花一兩千日圓，買一張DVD，即可大快朵頤，哪須看春畫！（註：今可扭開電腦看，如花似綿，任君批閱。）看春畫的，如今只剩下咱們這班老頭子了，偶然翻看，重在一個淫字。正如張岱所說「男女之勝以溺」，乃至理名言。

春畫在日本已沒落，在中國亦然，仇十洲的春畫秘藏故宮博物院，等閒人不易得睹。《十榮圖》亦係眾人相傳之物，能見到真跡者，稀矣！因有句云「落花流水春去也，春畫人間不復見。」

春畫沒落，官能小說崛起

春畫不展，倒是官能小說，還有一定市場。

七十年代日本的官能小說，風起雲湧，名家輩出，我所喜者有川上宗薰、宇能鴻一郎。

川上喜寫現代都市色慾，人妻、ＯＬ每每穿插書中，性愛場面，都為川上生花妙筆點鐵成金，浪漫大膽，細膩精緻，樂而不淫，艷而不俗，足以說明官能小說的風格。

我在新宿的酒吧見過川上一次，乃《讀賣新聞》友人伊野朗介紹，傾談一陣，已盡啤酒六大瓶，足見川上海宏大量。

他有一個習慣，十二點後必回家，伏案寫作至天明。這習慣跟五木寬之很相近，不同者一個是寫官能，一個則撰青春浪漫。今川上已作古，五木猶存，近作《親鸞》上下兩集，一口氣讀畢。說是五木君畢生的力作，當不為過。

宇能鴻一郎，多寫時代小說，以格鬥為主脉，雜以香艷旖旎，寫法跟台灣武俠小說作家司空羽相近，曲折離奇，緊張刺激中增添一抹春畫式的艷情，無疑是為天上白雲添一層油彩，令小說更瑰美亮麗。

「葉君！你可有生過性病？」

奇怪的廣告

我是在七二年秋天，金風送爽季節踏上日本土地的。風吹來，帶涼意，在新橋區香予世伯家裏住下，第二天便獨個兒跑到銀座遊覽去。挑銀座為首選逛遊目標，並非特別熟悉銀座，而是這個名字嘛，早就在我腦海中。

十二歲那年，銅鑼灣的「紐約」戲院，上映了一部日本「日活株式會社」的電影，專事描述銀座風光，黑白製作，卻是美色如畫，肉香四濺。自此，銀座的名字，就像烙印似的，牢牢刻在我心版裏。到了銀座，逛了一匝，不由大為失望，真正的銀座，四字足可形容，就是「陳舊不堪」。即便霓虹顯現，景色亦不如電影裏描述的那樣璀璨多采。

勉強在「東寶」電影座看了一齣電影，在一家橫弄的日本麵店進了一碗所謂「九州」拉麵，就急急乘山手綫回家。進了車站，步上月台，月台石柱上的一幅廣告，吸引了我的視綫。「大塚醫院性病科」左附小字，便是醫院（日本人的「醫院」是指私人診所）地址。我看了，不由一驚，哪有「性病科」賣廣告的！

在香港，男人不幸染了性病，只敢光顧私人診所，一百個男人當中，怕沒有一兩個敢求助於政府醫院。而且即使去公立醫院，也找不到性病科，只有皮膚科。

原來，七十年代的香港，「性病」是一個忌諱名字，見不得光，為了避免求診者尷尬，統以「皮膚科」代之。因此，你在皮膚科不幸給人碰上了，不打緊，看皮膚病嘛，沒事！

我沿住月台中央朝東走，一路到月台尾，在許多石柱上，都有「性病科」的廣告，不同的是醫院名稱相異而已。石田，大田，松山……細細一數，足足有六家之多。

過了一個星期，入校報到，第二天開課，早川老師命我們下課後去看校醫。

沒病看什麼校醫？早川老師說：「這是入學檢查，每個學生都要去。」原來這是硬性規定，無奈只好遵從。

下課是三點半，三點四十分到了校醫室，早已有五位不同國籍的同學先我在排隊了。過了半小時，終於挨到我。推門進診療室，那是一個十蓆房間，架着圓形眼鏡的校醫就坐在辦公椅上，勾着眼睛，打量我。「我是橋本！」校醫說：「名字！」

報上名字，橋本校醫就開始問我健康情況。在香港，我從未做過類似的檢查，只好如實以告。橋本校醫露出難以置信的神色，問「真的嗎？」我點點頭。

橋本校醫給我量血壓、抽血，又用軟槌在我的四肢敲打，跟住用聽筒聽心臟。一輪檢查之後，忽地問：「葉君！你可有生過性病？」

奇異性風氣

我一聽，呆住了。哪有這樣問的！在香港，你染上了性病，去看醫生，醫生也只會問你「哪裏不舒服」，絕不會直言這是性病。我吃驚的程度，絕不下於日本人在廣島捱原子彈所炸。

橋本校醫大抵也察覺了我的驚訝，柔聲說：「怎麼！葉君！你從來沒患過性病嗎？」我聽了，更感詫異，覷神情，橋本校醫對我沒患過性病似乎大為意外。我為難地回答：「沒有！沒患過！」

橋本校醫說：「葉君！你要說實話，患過的，不怕講！」橋本校醫用不大流利的英語說：「有性病，我可以替你治！」我又搖了搖頭：「橋本醫生！我真的沒患過什麼性病！」橋本校醫見我態度堅決，無法不信，說：「好吧！葉君！檢查完了，你的健康不俗，至於驗血結果，要三天後才知道，屆時會通知你！」

我謝了橋本校醫，起身正想推門出去，橋本校醫的聲音從背後響了起來：「葉君！來了日本，萬一真的染上性病，你千萬要來找我呀！」真奇怪呀！橋本校醫好像認定我會患性病似的，因此不嫌累贅地對我千叮萬囑。

我只好點點頭，用日語說「遵命！」

三天後，收到驗血報告，血清如碧泉翠澗，一點雜質都沒有。那就是說，不用去拜候橋本校醫了。不過橋本校醫的一番說話始終蠱惑着我。一直要到三個月後，日語勉強能說一些，我才了解真相。

由於學校飯堂的食物不對胃口，台灣同學林原引領我到附近的慶應大學飯堂去吃飯。這個飯堂，面積比我校的大，規模恢宏，食物也多，我最喜歡吃那裏的「豚一」（炸豬扒）和洋蔥湯，價錢雖比我校飯堂貴了一點，美味可口，已值回票價。在那裏，我結識了幾個唸文科的日本學生，見面多了，彼此熟落，無話不談。於是我便把兩個疑問提了出來。一是車站月台上的性病科廣告，二則是橋本校醫對性病的態度。

日本學生聽了我的疑問，面面相覷，三秒鐘後，爆笑起來。其中一位松田君指着我問：「葉君！你真的沒患過性病？」我對曰：「是呀！有什麼可奇怪的！」松田君說：「那是大大的奇怪！我前後患過三次，他們——」他指住身邊的石川君和多谷君：「也患過兩次。」天哪！我幾乎不能相信自己的耳朵，染性病是醜事一樁，

p.101　「葉君！你可有生過性病？」

難宣諸口，可看松田君的神情，彷彿還以染過三趟為榮哩！

松田君告訴我學生在日本染過性病，那是平常事，成長中的日本男人，十居其九得過病。如果活到二十歲以上，還不曾染過性病，在日本男人心中，是不成熟的表現，是一種羞恥。

日本的男人之苦

「性愛秘笈」

日本人的性觀念跟我們香港人大大的不相同。首先，他們不以為男女間的性愛是不能宣諸口的忌諱，相反，他們喜以性愛為茶餘飯後的談佐。其次，幾乎百分之九十的日本男性都視性愛為日常最佳娛樂，他們不獨「談性色舞」，而且勇於鑽研。

在日本，大街小巷都有不少「性愛相談所」。所謂「相談」，即便是我們香港人所說的「顧問」。每天，「相談所」都擠滿男性顧客，年齡大約由二十多歲到六十餘歲。他們來的目的都是向專家請教關於性技巧的問題。最常見的問題，多是「我如何能征服女人」，簡單一點說，就是怎樣使女人得到滿足。

大多數東洋男人都帶有點兒武士道精神，此種精神除了要克服任何面對的困難，還得征服女人。一個連女人也不能征服的男人，是人所皆鄙的「懦夫」。正因如此，日本男人都嚴格要求自己的性技術，希冀達到一定的標準。

可惜，天違人願，據世界衛生組織調查所得，日本男人在性愛方面的表現，只屬中等。最近有報章報導，在亞洲區，日本男性的性器長度僅四吋左右，不僅瞠乎印度、馬來西亞男人之後，也難跟香港、中國男人相比。

日本性愛專家戶川博士生前在一本叫《東洋性術》的書裏，說過這樣的話——「我國男性，不止性器尺碼差強人意，即使硬度也大有不足，因此，我國女性往往難享滿意的魚水之樂。」連日本專家也如此說，可見日本男性雄風如何的不振。

六、七十年代，我常跟在尖沙咀討活的風塵女性來往，一提起日本男人，滿以為她們會露鄙夷之色，孰料，大多數的女人都會豎起大拇指，稱讚有加。難道日本男人床上功夫呱啦啦？奇而問之。

答案說出來，幾乎笑掉我的下巴。

你道答案是啥？聽着啦！「日本仔好鹹濕，擒擒青，一上床，三扒兩撥，就郁手，點知，刀還未出匣，已經棄甲曳兵，收皮咯！的錢好易賺，梗係讚佢地好喇！」施施用粵語演繹，最是傳神。

北京女人麗麗用北京腔謔説：「我計過時間喲！只有三秒鐘的力氣，所以呀！許多日本人都愛叫三郎！」聽得我捧腹大笑，結果換來肚子隱隱作痛。

日本男人耽溺性愛，為補憾事，輒思改善，因此各類性愛秘笈應運而生。翻開日本雜誌，如《藝能週刊》、《文春週刊》、《大眾週刊》等，裏面都闢有專欄介紹不同形式的秘笈，有源自印度愛經的，中國素女經的，法國性書的，林林總總，不勝枚舉，是否有效，不得而知，只是余友山田，縱然試遍所有秘笈所授之術，性技仍無寸進。

讓藥彈橫飛

山田帶我去參觀過一家「性愛相談所」。地點在銀座一丁目一幢叫「嶋」大廈的六樓。接見我們的是一位叫田中的相談師，年齡四十許，唇上蓄八字鬍子，架黑框眼鏡，剪了一個陸軍裝，樣子看來很嚴肅。田中相談師在聽過山田的病情敘述後，建議他試用真空管吸法。於是，他從儀器櫃裏掏出一個鋁質匣子打開，裏面密封了一根約九厘米長的玻璃吸管。

去掉封衣，田中相談師戴上手套，取出吸管後，命山田去掉褲子底胯，套上吸管。吸管一端有個紅色軟泵，田中相談師教山田用右手輕壓軟泵吸氣，跟住慢慢放氣，兩秒鐘後再壓，如是者操作一百下。田中相談師說：「你回去後，早晚一次，每次一百下至一百五十下。一個月後，便見效力。」山田滿心歡喜，付款一萬五千日圓，捧着「寶貝」歸家。自此不再見老友，足有月餘。

一夕，山田忽來一通電話，十萬火急要我在半小時內趕抵新宿「向日葵」小酒吧。

抵埗，正欲探問原委。山田早已哭喪臉，大聲叫屈。

糟糕！得物無所用，寶貝成廢物，鈔票飛走了，換來一身痛。原來日按夜泵，竟然傷了自己的「寶貝」，如今紅腫一片，要打針敷藥，以防發炎。我聽了，忍俊不禁，幾乎失笑，可老友面前，哪能如此傷人自尊，只好「骨碌碌」連灌一大杯啤酒，把笑聲硬生生隨黃澄澄的酒液吞回肚子。

正因日本男人熱衷性愛，性病特多，頭腦靈活的藥商，遂推出各式抗生素，為病者服務。說真的，若論抗生素之多，東京敢誇世界第一，就連性病之都紐約也瞠乎其後，望塵不及。

山田的公事包裏，除了文件，還有一個銀色藥匣子，裏面裝的不是維他命丸，而是各式各樣抗生素。他打開讓我觀賞。哇！紅的，綠的，藍的，黃的，五顏六色，彩色繽紛，全都是抗性病的最新特效藥。

這些特效藥，分成兩種。一種是事前服食。據山田說，只要吃了這些事前抗生素，就能抵百病。（其時還未有愛滋病，最厲害的性病，不外是梅毒和淋病。）日本男人喜歡「真正」的性愛，不愛戴安全套，因此，事前抗生素大行其道。另一種就是事後丸，有病徵，服一至兩顆，就能治病。

我後來跟橋本校醫熟稔了，把山田的藥丸給他看，問是否有效。三天後，化驗報告出來，証明都有效。

橋本校醫說由於日本性病多，變種也快，所以每年都有新的抗生素出現，保守估計，七十年代流行市面的，已超過三百種。

呀！可真是「藥彈橫飛」呀！

黑暗的藝能界

日本藝人看似風光，實則是辛酸滿腔。

每年藝能界都有不少新人湧起，這些新人，來自日本各地，而以小市鎮居多，本身多是高校生，文化水平一般，只望一登龍門聲價百倍，於是什麼都豁了出去。有明星夢的年輕人，女的遭遇遠比男的慘，尤其是略具姿色的，幾乎都會遭遇程度不同的輕薄，輕則非禮揩油，重則被污。

七三年暑假我在秋葉原一家製作公司做臨時工，認識了一個新晉女藝員，藝名叫菊子，來自輕井澤，那是日本著名的風景區，以盛產美女出名，菊子也不例外，直有沉魚落雁之貌。可貌美並無為菊子帶來好運，相反還遭遇橫禍。製作公司的男職員，個個用淫褻的目光看着她，有時還有意無意地揩她一把，不是屁股就是胸脯。

寄人籬下，菊子不敢言。那個叫向井的經理尤為離譜，不時召菊子入辦公室，房門一關，把菊子抱在膝頭上，上下其手地撫摸。為了藝途，菊子啞忍。有時忍不住了，就向我這個異鄉人訴苦。

有一個黃昏，我跟菊子在附近的「美濃」喫茶店喝咖啡，菊子向我訴說了昨夜險遭污辱的經過。幸好她力氣大，最後防綫才不致被攻陷。

我聽後，給了她兩項建議。一是向警視廳報告。二是立刻辭職不幹。滿以為菊子必會二擇其一，豈料她聽後，連連擺手說：「不可！不可！」

問原因？菊子含淚細訴因由。原來類似菊子這種遭遇，藝能界已視作平常，一年不知有多少宗，警視廳哪有閒暇理會，所以報警，也只作循例問話、登記，不會認真查辦。要辭職，那更萬萬不可能。

原來菊子進入製作公司時已簽了合約，訂明受訓一年，然後再簽生死約各一年，期間一切生活費用統由製作公司負責，而萬一半途要中止合約，那麼違約的一方，要賠上三倍的費用。以一年一百萬日圓計，就要三百萬，貧窮的菊子哪有能力賠！

我聽了，有點黯然，問她將來如何算？

菊子咬了咬唇：「為了前途，我忍下去。」

聽來可憐兮兮，事後一想，支持菊子忍下去的，怕還是那份虛榮感吧！到底成為了藝人，會受到萬千的呵護。

暑假過後，我離開了製作公司，此後半年，每看娛樂週刊時，必留意有沒有出現菊子的照片和消息。遺憾的是，到我賣棹返港時，咱們的菊子還沒有冒起來。看來，她是白白犧牲了。像菊子那樣遭遇的、發明星夢的少女，在日本每年都有，而且數目還不斷地遞增。

夢工場呀！夢工場！你到底是萬千少女的樂園，還是地獄呢？

日本電話徵友陷阱多

上世紀七十年代，日本的夜生活，全亞洲第一，因而消費也貴。銀座、六本木、赤坂見附一帶的夜總會，個人消費，動輒十萬日圓（那時兑價是一千日圓計二十五元港幣），十萬圓，就是二千五百元，在七十年代，可謂驚人。我是一個留學生，憑個人經濟力量，當無可能去泡那些夜總會，只是認識了清水大哥後，也曾隨驥尾去過三四趟，印象所得，平平無奇。

日本最出名的夜總會如「美加度」、「葵の花」等，面積並不大，佈置也不豪華，其賣點是小姐招呼熱情，往往令客人有賓至如歸之感。除了一流夜總會，次一檔的消費場所也不便宜，以下北澤的小酒吧而言，有三陪小姐侑酒，一節（四十五分鐘）收八千到一萬二千圓，去泡，哪會只坐四十五分鐘！一坐上三節，加一服務費，就得近四萬日圓，我那時母親寄來的生活費，僅五萬日圓，房租去了二萬，只剩三萬，咋能泡？

所以，我平日夜裏一個人的消遣，多是在明大前車站附近的小酒吧裏，倚靠年華老去的老闆娘陪聊天，解寂寥，兩三支啤酒，一碟納豆或煨魷魚乾，往往消磨一個晚上。賬單來，不外一千多，一星期泡它三四夜，沒關係，咱窮學生消費得起。

台灣同學林原，父親是台北警局的局長，有財有勢，林原的零用錢遠比我多，一到週末，他多找我到新宿逛去。一夜花上兩三萬，不在林原眼裏。

有一天晚上，我們兩個人走出新宿站北口，朝北新宿走去。這一帶屬高尚地段，華廈林立，可在另一邊，盡是冶遊的場所。幾乎全日本最高級的桑拿浴室都擠在這裏，其中尤以「楊貴妃」最出名，浴花衣空中小姐制服，高貴優雅，笑臉迎人。七八年我跟香港朋友去過一次，至今印象難忘。

北新宿冶遊區多電話亭，方便遊人使用。這些電話亭都裝有玻璃門，內外透明，隔着門，可以窺到亭內的情況，膠板上貼滿花花綠綠的廣告。什麼廣告呀？

初時以為是貨品銷售廣告，打開門進去一瞧，嘿嘿！不是哪！另有乾坤！只見其中一張廣告這樣寫着——「今夜你寂寞嗎？寂寞的話，請致電XXX，我可解你煩憂和寂寞。」

再看另一張——「我熱情如火，性力超凡入聖，何不快來試一下！」下面是電話號碼。

明眼人都知道是什麼廣告了。林原心癢難熬，拿起電話打。來聽的是一個日本女人，嘰哩呱啦快如燒炮竹似地講了一大堆，林原聽不大懂，把聽筒交給我，我也只聽了個大概，細節並不清楚，只怪咱倆那時的日語能力太差，不敢再聊下去。

過了幾天，遇到慶應大學的台灣先輩，問起原委，才知道「電話徵友」，並不穩靠。許多時，來應召的小姐多是三四十歲的老大姐，來到不合心意，打發她不走，那就麻煩夠了。

先輩何以如此清楚？呀呀！原來他早前曾以身試法，給一個大阪來的老女人斬了一個狗血淋頭。

日本女人難爲妻

日本的志賀貢博士，是一個十分有趣的人，名義上是醫學博士，實則又是一個推理小說作家。二十年前，我第一次讀志賀貢的小說，就為他那獨特的體裁和風格而傾倒。他的小說之吸引，不在於情節曲折離奇，而是他對女性胴體、心理細緻的解剖，情況有點像渡邊淳一。然而，渡邊淳一旨在刻劃都市內不同男女的慾情，從而探討該世紀的道德觀念；志賀貢不同，他是為了增添小說的吸引，而對女性的心理、生理作了極深入的分析。

志賀貢有一本散文集，述說女性心態，當年讀過，也曾翻譯過，發表在《東方日報》的「開心場」版，很受讀者歡迎，可惜文章早已散佚，無法結集，不然，當會成為暢銷書。

日本女人，許多人說溫柔體貼，上世紀六七十年代，不少香港人都想討個日本女人做老婆，有人做到了，立即成為眾人偶像。說真的，七十年代初我到日本留學，除了想學習日本文化外，也興起過「討個日本太太」的心意，不幸的是，當我到了日本，跟日本女性接觸後，才發現全然不是那回事。日本男人常說日本女人「氣性強」，那就是執拗、頑固、外柔內剛。這都是事實。

我的兩位台灣同學，林君和郭君，不約而同地愛上了兩位日本姑娘。林君的女朋友，樣貌普通，待人也算有禮，後來住進了林君房子同棲。我們一班同學去蹭飯，她總躲在廚房死也不肯出來，弄得我們很尷尬，從此就少去林君家。

過了兩個月，一日林君回校，臉上一塊青，手臂一片黑，問情由，方知道昨夜給女朋友折磨了，起因是林君沒有準時交上家用。聽了，很驚奇，人人都說日本女人溫柔，豈會如此？可林君捱揍，千真萬確，無法不相信。

至於郭君的女朋友，來自四國鄉村，人很純，醋性卻重，終日盯着郭君，不讓他有一刻自由的機會。郭君叫苦不堪，提出分手，女朋友聽了，一行眼淚、兩把鼻涕，很快又將郭君軟化了。

直到我半途退學回港，林、郭兩君仍然在跟那兩位日本女朋友廝守。後來如何？

不得而知。

志賀貢在一篇文章裏説——「日本女性把愛和性分得很清很細，愛裏有性，性裏不一定有愛。因為有了這個觀念，日本女性投身水商賣（即淫業），那就不足為奇！因為當她們跟客人上床，那只涉及性，並無關及愛，只有跟自己心愛的男人做愛，才是靈慾一致，快樂無比。」

這番説話，看在咱們中國人眼裏，哪能接受！如果你有一個女朋友對你説，將性和愛分開，跟別的男人做愛是為了性和錢，只有跟你做時方才有愛，你能接受嗎？一定乞吐一聲，請你滾蛋！

日本女人是很奇特的動物，跟咱們中國女人有很大的區別，咱們去日本，在風月場裏泡泡還可，討個日本女人，萬請三思！

輯二：情色生活之旅

我的第一次日本體驗

「櫻花會所」

看了日本成人電影，自不然想到找個地方好好享受一下，看看日本女人是否如此冶艷放蕩。

去哪裏找？

在香港，喜歡泡日式小夜總會，如尖沙咀的「銀座」和「美加度」，雖稱「日式」，跟純日式夜總會，想必有一些分野吧！於是就鼓起勇氣，跑去闖日本的日式夜總會。

我一個人，打「明大前」車站出發，坐上「井之頭」綫，隔兩個站，在「下北澤」下車。

「下北澤」是一個小鎮，人口一萬人，大部分的房屋都是和風式樣，樓高二至三層，即便稱為「大廈」者，也不過六階、七階而已，而且面積細小，一層約千餘呎左右。夜總會大都設在這種「迷你」大廈裏面，許多時，全幢都是夜總會，鶯鶯燕燕，任君挑選。

我沿住大街慢慢走，到了紅燈區，兩邊馬路上都有穿着和服的媽媽生，舉手向我招攬。「伊拉薩伊馬西！」（歡迎光臨）之語，此起彼落，綿長而不息。只要偶一停步，就有媽媽生飛奔過來，哈腰請安，然後滿嘴介紹其所隸夜總會的特色和優點。

那時候，我還只能說簡單的日本語，一開腔，馬腳即露。媽媽生「？」的一聲，訝而問：「先生！你不是日本人，那哪來的？台灣？」（那時候日本最多台灣遊客和留學生）答以「香港！」

那可不同了，七二年田中角榮訪華，獲周恩來總理盛宴款待，簽了「中日友好」條約，凡跟中共牽有關係者，都成為日本人心中的新「寵兒」，我這個香港人自不能免。於是幾個媽媽生爭相拉住我的衣袖，要我到她們的夜總會捧場。

那如何是好？順得情哥便失嫂意，難難難！幸好我還懂一句有用的日本語「駄目」（不好），跟住甩開她們的手，飛也似的跑了。

那不是逃亡，而是拐一個彎，覷準另一幢大廈，默默走了進去。坐電梯，胡亂按個「2」字，到了一家叫「櫻花」的夜總會。

裏面燈光不暗不亮，光綫適可，音樂是幽幽的演歌，有一個中年女歌星，濃妝艷抹在樂台上獻唱，一聽正是青江三奈的名曲《伊勢佐木町勃羅斯》，就覺得自己找對了地方。

進門走了不到三步，就有一個穿黑西服的男人迎了上來，照例是「伊拉薩伊馬西」，一邊說，一邊哈腰引我坐進卡座。

柚木卡座屬長型，雕上櫻花，約可坐五六個人。甫坐下，氣還未吁一口，男人就嘰哩呱啦地向我介紹店裏規矩。

我完全聽不懂，不能示人以弱，假裝聽懂，拿起枱上牌子，看到「一SET」僅三千元日幣，連啤酒小食陪坐。我就毫不猶豫地點頭表示明白了。男人向我欠了欠身子，轉身離去。

不到三分鐘，一陣幽香，滲進了我的鼻孔。

奇異的名片

那可不是廉價香水的氣味，憑我經驗，正是「資生堂」的高級香水，斜眼一瞧，一個穿着火紅套裝的女人，盈盈站在我面前。循例一個鞠躬，接着便說：「歡迎光臨本公司！」

跟住女人就在我對面的座位上坐了下來。我尚未開腔，她已問：「先生！我叫芳子，以前來過嗎？」我搖搖頭答：「阿利馬生」（沒有）。

女人「哦」了一聲，定眼打量我。那天我穿了套藍西裝，裏面是同色長袖T恤，袋口還插了藍白袋巾。女人笑笑說：「先生！你好史嘜度。」（即帥氣。）我笑說謝謝。這時，啤酒和小食送了上來，一共六小枝「麒麟」啤酒，小食是納豆和煨魷魚，伴以一碟沙律醬。

女人替我倒酒，還用叉子戮了塊魷魚，蘸上沙律醬，遞到我嘴邊。最難消受美人恩，我樂意接受，道了謝。女人打開話匣子，一連串的日本語，快如鞭炮，我是連一句都聽不懂，只好不住的點頭。

芳子見我不回話，臉上稍露詫異之色，可東洋女性天生有良好的服務態度，不以為忤。芳子又往下說，我又是不住點頭。

這回芳子可納悶了，我猜她心裏一定在想（這傢伙搞什麼鬼呀？難道是啞巴？）她揮手召那個男人來，在他耳邊低語了幾句。男人點點頭，打量了我一眼，轉身離開。

未幾又有兩位小姐到來卡座坐下，一着黑，一衣白，芳齡二十來歲，體態均勻，容姿可人。這兩位小姐，白的曰「草苗」，黑的叫「洋子」。她們甫坐下，就遞上了名片。

名片有一個特色，就是背後有那個月的日曆。我一看草苗的名片，在「３、１０、１７」這幾日打了紅圈。

我拿着名片，狐疑地望向草苗。草苗會意說：「這是我的休日。」那就是假期，你來找不着我。小姐有名片，這在香港是奇聞，在名片上顯示「假期」，更是奇聞中的奇聞，可見日本人做事精細，就是風俗業，也一絲不苟。

草苗好說話，她來了，芳子、洋子就沒插嘴的餘地了。

我雖想搭話，可日語是「有限公司」，那咋辦！最後只好用蹩腳日語表明國籍

——「咱乃香港留學生！」

「梳的斯哩！」芳子聽了，一拍額角，恍然大悟。

草苗聽我是於香港來，問我能說英語否。「CERTAINLY！」我回以英語。草苗大喜，說她能講英語。草苗的英語程度，跟我的日語水平，了無二樣，我們相互打平，更為投契。芳子、洋子沒戲唱了，淨飲悶酒，十五分鐘後，兩人鞠躬離座。

我央草苗教我日語，她回說要我授她英語。

沒干係，港日相互相惠嘛！

談興正濃之時，那男人卻走過來示意我「埋單」，「埋單」，我可沒說要走呀！

三多利威士忌

那個男人原來是會所的經理，他用很緩慢的日語向我解釋，我卻是連一句也聽不明白。幸好有草苗，她用非常蹩腳的英語逐一解釋。原來日本會所有個明文規定，一SET服務屆時，客人必得離店。若欲再光顧，可去而復來。呀！原來如此！只好從命，出了門口，一個「屈尾十」又再進來。

一進門，見草苗倚在門邊，正淺笑盈盈地迎候我，「紅袖憑欄，綠裘倚檻」，南面王不易也。喝了幾枝啤酒，不過癮，想喝烈酒，問草苗可有烈酒？草苗介紹我喝威士忌。

為什麼不是拔蘭地？原來日本人不嗜喝拔蘭地。在日本，大街小巷裏的酒吧，供應的多是威士忌，有英國貨，美國貨，也有本地貨。日本入口稅重，一瓶蘇格蘭「紅牌」威士忌，香港當時售一百多，日本則要賣三百以上，幾乎貴了一倍多，因而日本人多喝本地釀製的威士忌「三多利」。

「三多利」是日本名牌，我姑且叫來一試，喝了幾口，覺得還可以，其味當不逮蘇格蘭佳釀，不過品質還不俗。

草苗告訴我，日本釀酒業，自六十年代起，水準日漸提升，已追貼世界釀酒名國——法國、英國的水準。尤其是啤酒，所產「朝日」、「麒麟」，已達世界級水平。

我在「櫻花」坐了兩個小時，酒精作祟，忽生綺念，卻又不知如何開口，如何是好？忽心生一計。

命侍者取來紙筆，用英文寫：「我很寂寞，告訴我什麼地方可找到慰藉？」遞與草苗。

草苗一看，會心一笑，隨手寫上「CALL ME」，字條回遞過來。我點點頭一笑。

草苗叮囑：「告訴我，你住哪裏，我十二點下班來找你！」告以地址，問她可認得路？草苗說：「那還不過是隔兩個站的路程嘛！」

結賬回到家，十一點剛敲過，洗了澡，打開冰箱，取出「朝日」，灌了幾口，一邊看電視一邊等。

等的過程中，我在想：草苗會否依約而來呢？

香港女人，尤其是歡場的，大多言而無信，「放飛機」乃等閒事，可不知日本風俗女性又如何！

十二點才敲過，忽聞隔壁人家傳來的門聲，一把女人嗓音在問：「葉桑在嗎？」來了！真乃信人也，連忙開門迎迓。

草苗穿了素色T恤、牛仔褲，鉛華淨洗，哪像風俗女郎，直如鄰家的女孩。

一夜溫存，花費一萬日圓，這是我有生以來第一次接觸到日本女人的胴體，感覺僅是一般，絕非放浪一如AV電影。

稻川浪人引領進入花花世界

偶然結識日本大哥

到了東京半年後，日語略有所成，朋友也多了，交際圈打開。在新宿的歌舞伎町，我又認識了一個中年浪人叫羽田明，他本是九州人，多年前流落到東京，無所事事，加入了稻川會。由於好勇鬥狠，謀略又高人一等，很快就成為了新宿區稻川會支部的一個組長，手下有好幾百人。我是在一家酒吧跟他結識的。

七三年，中日邦交恢復，許多日本人都想深入了解中國，因此台灣人引不起日本人的興趣，反而是香港，最引起日本人的關注。

我是香港留學生，當羽田明知道我的來歷後，態度立刻變得親熱起來，先是請我喝「白鶴」清酒，繼而奉上一大盤壽司。受人恩惠，我自然是有問必答。

我告訴羽田明二三十年後，中國會大翻身（事實証明我的預言對了），羽田明搖搖頭，表示不可能，他認為即使中國苦幹三十年，仍無可能追越日本（事實也証明羽田明錯了）。

我們各捧着酒杯，進行了激烈的辯論，臉紅耳赤，各不相讓。

那時候，我還不知羽田明的真正身份，若然知道，即使吃了豹子膽，也不敢吭聲，難道不怕東洋武士刀照頭劈下來嗎！哈哈！

那羽田明好有氣度，縱然激辯半小時，也不動怒，最後，他把酒杯一放，大笑說：「哈哈哈！今天好高興，居然有個年青人敢與我辯論！好好好！我要好好敬你！」

於是「白鶴」又開一瓶，兩人對飲。那天，我們都醉了，也不知道如何歸家。

過了兩天，夕陽西下時分，忽有人敲我家的門，打開一看，有三個穿黑西服的平頂頭，站在門前，一見我，立刻深深地鞠了一躬，朗聲說：「葉桑！我們大哥有請！」

什麼大哥？我仔細看，這三個人又不像是清水大哥的兄弟，而我在東京認識的大哥，大抵也只有清水桑！

其中一個平頂頭，看出我臉露狐疑，立即説：「葉桑！你老不記得了，前兩天你不是在新宿東口的酒吧跟我老大拼清酒嗎！後來醉了，我們送你回來！」

這樣一説，記起來了：「是羽田桑，對嗎？」

三個人點點頭道：「我們老大請你去喝酒，有些事請教，請葉桑快更衣！」我換了衣服，跟三個男人上了一輛「豐田」大房車。車行半小時，到了一幢和式兩層高洋房門前，羽田明已笑呵呵地迎在台階。一見我，跑上來擁着我，萬分親熱地説：「好好好！葉桑！今晚上又有人跟我拼酒了！」

拖着我的手，進了客廳，十蓆大，兩邊牆上掛滿喜多川歌磨（麻呂拼合うたまろ，這是日本字）的「浮世繪」美人像。説真的，我並不太喜歡浮世繪（即風俗畫），把女人畫得丰腴環肥，臃腫笨重，不對我胃口，可東洋人對此卻情有獨鍾，我想那多少是受了唐朝春畫的風氣影響吧！

窺之穴

羽田明見我對「浮世繪」看得入神，以為我喜歡歌磨。我告訴他同樣描繪美人，我較欣賞鳥居清長。這可把羽田明嚇呆了，因為一般中國人只知道有歌磨而不知有清長。

我把「浮世繪」的歷史約略向羽田明敘述了一遍，表示這以菱川師宣為開山祖師的畫派，於美人像中，尤類中國唐、明時代的春畫。這一來，羽田明就跟我談得更投契了，原來他是「浮世繪」迷。談了一會，他遞上名片，上書——「稻川會羽田組組長羽田明」。這時我才知道他是稻川會的人。

日本有三大幫會，就是山口組，住吉組和稻川會，以實力言，山口組居首，稻川敬陪末座。

喝了兩盞酒兒，羽田明就問我可曾到夜遊場所觀光過，我如實以告。

羽田明微笑說：「看來葉桑的遊歷也不淺呀！居然連西船橋的脱衣劇場也去過了。」接着問我對西船橋的脱衣舞的印象如何。我回答：「徹底、狂野，可挑逗程度不如有樂町的歌舞伎座。」羽田明很同意說：「葉桑是有品味的人，今晚我帶你去一個地方，既高雅又刺激，包保你滿意。」

在羽田明家裏吃過和式晚飯（是全魚餐，吃得我口裏淡出鳥來），便出發往上野去。羽田的汽車在前頭，我的汽車後跟。汽車在一座五層高大廈門前停下，下車一看，門口霓虹招牌上五光十色，全是架步名稱，其中三階是一家叫「窺之穴」的架步。

羽田明帶我觀光的，正是這家「窺之穴」，顧名思義，即是「偷窺」之謂也。偷什麼窺？我給弄得一頭霧水。

乘電梯到了三階，立刻有兩個男人迎上，嘴裏猛喊：「大哥！大哥！」哈腰彎背，恭敬萬分。羽田明頭一昂，拖着我手進門來到一個房間，約六蓆，他一揮手，所有人都出了去，只剩下我們兩個人。

羽田明走到角落，打開酒櫃，取來三多利威士忌，然後又從冰箱拿出冰塊，親手做了「水割」（即威士忌加冰）給我。之後，我們碰了一下杯。

喝了一口酒，羽田明指了指對正我們牆壁上的兩個匙孔說：「葉桑！待會天花板的紅燈一亮，你就去瞧匙孔，包你看到好戲！」我還沒及答覆，天花板的紅燈亮起，羽田明急急推我走向匙孔。

我到了匙孔前，稍矮身子，瞪着左眼瞧去。裏面幽幽的亮着紫光，瞳孔適應了光綫，才看到那似乎是一個女人香閨。有一張鋪着紫花紗布的床，一組同色沙發和一張奶白鑲金邊的梳妝枱。這時，房門打開了，走進一個妙齡女郎，穿着黑色開叉長裙，腳踏銀色高跟鞋。

女郎染了一頭長金髮，披在雪白肩上。走近了，我看到了她的臉孔，五官精緻一如羅馬雕刻，尤其是那微翹的櫻唇，宛似賣盡相思。

脈脈春濃

女郎伸了個懶腰，頭向後仰，甩了一下如雲秀髮，然後輕輕吁口氣。那口氣恍似吹到我眼前，讓我嗅着了蘭麝香氣。接着，她不經意地提起右腳一甩，銀色高跟鞋兒直朝角落飛去。

女郎把右腳略略停留在空間，紫色的燈光，掩映着玉趾上淡紫的寇丹，閃耀出詭異的氣味。

一隻厚厚的手心按在我肩膊上，一看，那是羽田明的手，他低聲問：「葉桑！覺得怎樣？」

「好！」我只答了一個字，視綫忙不迭地又回到匙孔裏。這時，情景有點兒變了。女郎已背着我坐在梳妝枱前，看樣子，正在開始卸粧。

我看到了那肌理清晰的雪白背脊。

呀！真是白璧無瑕呀！一點兒瑕疵都沒有，那是我之前見過的女人當中所沒有的。

女郎螓首輕搖，髮梢飄逸，走珠玉瀉的歌曲自她嘴裏漏了出來。那是八代亞紀的《雨之慕情》，幽怨淒清，如泣如訴。

很快卸了粧，女郎站起來，向住匙孔，此刻，她跟我只是近在咫尺，分明的輪廓，賁起的胸脯，全收入了我眼簾。我幾乎嗅到了她身上的香氣。

女郎嘆了口氣，雙手托着胸脯，不住地摩挲。跟住，她坐落床邊，將右腳踮在床沿，黑色開叉的套裙褪了開去，露出了皓皓白雪。女郎撫摸着玉腿，又嘆了口氣。正是恰恰鶯聲，不離耳畔，津津甜唾，笑吐舌尖，楊柳腰，脈脈春濃，櫻桃口，微微氣喘。

那真是一幅「美人自憐圖」呀！

我看得狂吞口涎，耳畔彷彿響着羽田明的訕笑。

就在這時候，房門「砰」地給撞開，一個蒙面男人闖了進來。

女郎一見，頓時花容失色，猛地站起來想逃，卻已給那男人按倒床上。男人動作快，三扒兩撥，已把女郎的衣服褫脱清光。露在我眼前的是一尊晶瑩剔透的維納斯女神像。

女郎求救了，聲聲「救命！」可夜闌人靜，誰能聽得？於是，她反抗了，手抓腳踼，想掙開男人的魔手。

豺狼哪會輕易放棄到手的獵物，他大力按住女郎，立即展開了慘無人道的狂烈行動。女郎自知敵不過男人，由求救轉為乞憐：「放過我吧！求求你，我求求你喲！」真是我見猶憐，百鍊鋼也化作繞指柔。

男人哪肯聽，動作疾如天邊驟雨……

接住下來，我看到了這樣的情景——女郎星眼朦朧，細汗流香，酥胸蕩漾，涓涓露滴……

最後，燈光全黑了，黑暗中，只聽得女郎那低低的嬌喘。

羽田明拍了拍我的肩膊：「戲完了！葉桑！」

春信風呂

羽田明把我引到沙發上坐下，跟我乾了半杯威士忌，輕聲說：「葉桑！是不是看得有如慾火焚身呀！」跟日本人交朋友，有一個要訣，就是千萬要誠實，切忌虛飾。

我不假思索地點點頭。

羽田明開心地點點頭：「那才是大男人呀！我們走吧！我帶你去一個地方逛逛！」於是我又上了那輛汽車，不同的是，這回是羽田明跟我同坐。

汽車往新宿開去，不到四十五分鐘，在一幢和式兩層房子面前停了下來。一下車，我就看到了那掛在屋簷用黑白相間油紙紮成的燈籠，上面寫着「春信」兩個字。

羽田明引我進了屋，在一個六蓆房間坐下，很快有個穿和服，身形略胖的中年女人進來招呼，一見羽田明，親熱地喊：「羽田大哥！近來可好！你最近少來了啦！」

羽田明揮揮手說：「京子！這是我的香港朋友葉樣！你待會找個好妞兒，讓他樂一樂！」京子一聽，沒露喜悅，反之，眉緊鎖。

我知道京子在愁什麼！那是因為新宿「風呂」（浴室）從不招待外國人，可礙於羽田明面子，又不好意思一口拒絕。

羽田明何等精靈，辨色知意，呵呵一笑：「京子！你別擔心，葉桑能講日本語，跟妞兒可用日語溝通。」跟住向我遞了個眼色。我知其意，立刻用日語向京子請安。京子一聽，柳眉寬，梨渦現：「哈哈！葉桑能說漂亮的日語哩！不知道還以為你是北海道人士呢！」

枷鎖脫去，京子很快就帶我進入一個房間。

哇！這房間可真大，用香港面積算，足有八百至一千呎，最令我注目的，是房間中央有一個大浴池，有如小型泳池，足可供暢泳。

京子讓我在榻榻米上坐下，順手倒了兩杯清酒，拿起其中一杯，跟我碰了。「葉桑！你喜歡什麼類型的女郎？」京子放下酒杯問。入鄉隨俗，當然冀能有純和風的女郎來為我侍浴。

京子低頭思索了一會說「ＯＫ！Ｉ ＳＥＥ！」（嘿！還會講英語哪！）

我回以「THANK YOU！」

京子瞄了我一眼，扭着肥臀離開房間。我又倒了一杯清酒，邊喝邊吃洋果子。過了一會，紙門給拉開了，一個穿着白底紅花浴袍的女郎閃了進來。一走到我面前，盈盈一笑，淺淺半躬：「歡迎先生！我叫志乃！」我忙用日語說：「志乃姑娘！我姓葉，你請坐！」

志乃在我對面坐了下來，一陣香風撲鼻而來。我說：「志乃姑娘！要喝一點清酒嗎？」

志乃柔聲說：「我本不喝酒，可葉桑高興，我就陪喝一兩杯吧！」么鳳清聲，顫動心絃。

呀！果是真真正正的東洋姑娘呀！溫婉和順，善解人意。

志乃美人

我眼前的志乃，的確是一折不扣的大美人。秋波流盼，螓首生光，蛇腰纖細，酥胸蕩漾，玉腿修長⋯⋯真是任憑我用盡人間最好的形容詞，仍無法描繪其萬一。

世人哪有如此美麗的女人！

在香港，到浴室去泡，遇見的女郎，大多是殘脂俗粉，年逾三十，稍具姿色的女人，都去了夜總會和舞廳打轉，浴室女郎實質上是次一級的角色。

可在日本，我每趟去浴室，總會遇到對眼的浴女，即使不如志乃的絕色，亦可稱「靚女」。正如在北新宿「楊貴妃」遇到的好子，雖可稱美女，跟志乃相比，仍然差了一截。

曾經問過清水大哥緣何如此？他回說：「沈樣！你有所不知，日本最美麗的風俗女，都集中在浴室，銀座的會所女郎，已是次貨。」原來，跟香港相反，日本風俗女郎的排序是浴女——會所女——脫衣舞孃。恍然大悟，難怪在新宿、池袋一帶的浴室，入眼的盡是美女了。

跟志乃吃了兩盞酒兒，開始冒汗，志乃妙目流盼，示意我脫去衣服。我解衣，志乃一件一件替我掛在壁櫥裏，到我回歸大自然之際，輕輕在我肩上披上一件白底藍花浴袍（春信浴室的浴衣分兩種，白底紅花為女服，白底藍花為男服），然後輕抒玉掌，在我肩膊上輕輕地搥敲。

輕重有節，徐疾有道，須臾，四肢百骸皆有說不出的舒暢。

志乃在我耳邊問：「葉桑！你着不着力？」

我點點頭：「你儘管用力敲，空手道一段的拳力，我也擋得住。」接住，下顎上翹，一副「從容就義」的姿態，逗得志乃笑了。「好！那我來了！」志乃說了一聲，隨即施展搥打絕技。

哎喲喲！真的是拳拳到肉，由輕到重，自慢至疾，最後不禁叫痛起來。志乃停了手說：「葉桑！你的肌肉繃得很緊，所以才會吃痛，你平日一定很少運動吧！」

我忙回答：「有有有，我運動量可不淺！」

志乃狐疑地：「真的？」

我狡猾地笑了一下：「我的床上運動非常多！」

「馬鹿！」志乃低低地罵了一句，撩起柔荑，在我右臉上掃了一下。呵！軟滑如棉，柔似凝脂。

跟住鳳眼朝我一瞟，瞟得我三魂赴迷魂殿，七魄投望鄉台，渾身上下酥軟了一大片。

搥了好一會，志乃服侍我進浴。兩個人浸在水池裏，我看到了志乃那羊脂白玉般的胴體，在水波裏掩映生光，盪出縷縷迷魂。此時的我，真乃人間何世，恍如身處縹緲太虛殿。

志乃是宇治人氏，宇治出名生產素白瓷碗，志乃那一身雪肌，正跟宇治瓷碗相互輝映。

轉瞬三十八年，如今的志乃怕已屆花甲之年，萬一在東京街頭相遇，我們還會相認嗎？

西船橋艷舞

最妖冶的艷舞，此處獨有

最好的艷舞，是我在遊學日本時看到的，地點是東京西船橋。西船橋對外國人來説，是一個甚為陌生的地方，我相信旅遊日本的香港人，大抵都未聞過其名，遑論其地。可在日本人心目中，此處則是夜遊樂園，全日本最精彩、最妖冶的艷舞，此處獨有。

其實淺草、新宿，甚至銀座都有艷舞，尤其是「有樂町」的「日劇」（今已歇業），更是聞名遐邇，可與巴黎「紅磨坊」、「麗都」媲美，可論到野性、挑逗、徹底、性感，則大有不如。

我得知西船橋之名，源自日友山田，他是冶遊專家，東京大凡值得冶遊的場所，都留有他的足跡。他告訴我要看天下第一流的艷舞，非要到西船橋不可，而絕非淺草雷門、銀座有樂町。聽進了耳，心癢難熬，焉有不去一探之理。

七三年夏天一個黃昏，天下着毛毛雨，我夥同台灣損友三人，乘銀座綫地下鐵前往窺秘，車行約半小時抵埗。

西船橋站是個小站，出口只有南北兩個（日本的火車站，出口之多，令人眼花繚亂，以新宿為例，就有東南西北中五個，一個不小心，走錯出口，就會迷路，要煩警察指引）。

北口貼有街道告示，四人按圖索驥，很快就找到了那條艷舞街。所謂艷舞街，其實只是一條小巷，兩邊一排開去，矗立着大小不一的兩層高木樓，樓下大門敞開。門邊各自站着兩三個蓄平頂頭的漢子，一見有單身男子經過，就會「嗨嗨」地大聲招引，跟着就是搶着派發名片，然後嘴裏不住介紹艷舞之精彩所在。

那天的情形也是一樣，我們給兩個平頂頭截住了，前無去路——後有追兵。追兵者，日本同志是也。一見我們四眾被截停，同志連忙湧上來，七嘴八舌，問行情，探究竟。

平頂頭不及細講，胸一挺，兩眼瞪上，朗聲說：「不管什麼，總比你們去新宿、池袋便宜！」另一個平頂頭更加了一句，這乃是催命符——「放心！保証比新宿、池袋更徹底。」

哇哈哈！找對地方了！

其中一名胖同志興奮地擦着掌，鼻尖滲着汗珠。另一個高同志死命地捂着胸口。同志們全體鼓掌，響徹雲霄。不及多問，甘附驥尾，向前走。一二三四……走不了十步，就鑽進了兩層高的劇場。

看到嘴巴乾了

劇場面積並不大，由入口處起，一連擺了八列椅子。椅子前面是一個高台，高約四呎，正中天花板，嵌有一盞射燈，此時未亮，四角傳來東洋輕音樂。高台自然是舞台了，鋪着錦毯。

我們四人揀了第三列椅子坐下，追兵們則蜂湧上前，你爭我奪，搶坐在第一列。這時，也有其他客人（多是白領階級），陸續進場。我細細一數，連我在內，一共有五十人。

這時，守在入口的平頂頭向外面打了個手勢，表示客滿，隨即關上大門。於是，屋內自成世界——歌舞昇平。

音樂響起，是「能」劇音樂。見微知著，那自然是和式艷舞。

一個舞孃，臉上戴着能劇素白面譜，身穿彩色和服，赤着腳，從後台那裏跳了出來。她的素足，完美無瑕，在暗淡的光綫照耀底下，閃出了一種妖性的白光，令我不禁有了莫名的興奮，這種興奮是我在香港看艷舞時從來沒有的。

那舞孃不停地扭動腰肢，在舞台上起舞，時而拗腰，時而俯伏地下。她那平滑的臀部翹得高高，不停地轉動，又不時仰躺台上，雙腳豎高，然後盡量地把腳背前彎。這樣，那皙白的足背和晶瑩的腳趾，就完完整整地裸露在我的眼前。這時候，我的血液，幾乎已衝至腦門頂了。

更要命的是，舞孃的十根腳趾，還塗上奪目生輝的蔻丹。紅白相間，把女性的足部美襯托得更加完美無瑕。

接着，音樂的旋律加快了。咚咚咚，鼓聲連綿響起，沙沙的鼓掃相伴拍和。舞台後傳來陣陣豹吼。

一聽到豹吼，舞孃的舞姿也就更加狂野，忽如春雷響起，驟似暴雨狂落。在鼓聲、琴聲、鑼聲、豹吼的烘托下，舞孃把她身上的和服，一件一件地陸續脫了下來。台下的觀眾大聲地喊：「脫呀！脫呀！奧孃樣（小妞）！把它脫光呀！快！快快！快！快呀！」

燈光漸暗，那豐滿高聳的乳房跳出來了！

啊！原來她的乳房也正如她的雙腳那樣，白得帶點妖性。還有她的雙腿，長短均勻，綫條修長，忒是極美、極美的玉腿。鮮有東洋女人的腿，有她那麼美麗動人。

我看得連嘴巴也乾了！
偷眼看身邊的朋友，都在死命的吞口水。

一開一掩，春光乍洩

舞孃到了最後，把自己脱得一絲不掛。雪白誘人的胴體，完整地暴露在觀眾眼前。觀眾看得目定口呆，狂噏口水。

電光火石之間，舞孃猛地抓起了地上一條大毛巾，纏住腰間，恰恰掩住了最重要部分。觀眾不滿地叫囂起來，粗話滿天飛。

舞孃狡獪地笑了一下，O着嘴，吐了口氣。然後她按着毛巾的右手，輕輕挪開，毛巾抖開了，纖毫畢現。觀眾轟然叫好，喝采聲響遍全場。

可那舞孃真可恨，忽而又把毛巾掩住。就在這一開一掩之間，春光乍洩。台下的觀眾，忍不住了，有人高聲喊：「除掉它！除掉它！」

那舞孃艷艷地笑了一下，卻又不肯甩掉毛巾，只是一逕地搔首弄姿。於是觀眾們火了！有人大罵：「馬鹿！」有人做手勢，示意舞孃把毛巾抛下台。偏偏那舞孃只是笑，始終不肯丟掉毛巾。

忽然，有一個壯漢，從台下衝了上台，二話不説，伸手去搶那個舞孃的毛巾。那舞孃死抓住毛巾，亡命地抗拒，雙方發生了空前激烈的搶奪戰。

音樂一變，全是鼓聲咚咚，狂野奔放。

這樣搶了兩分鐘吧！舞孃力弱，毛巾給壯漢搶掉。壯漢一手把那個舞孃抱起，放近觀眾，讓觀眾們清楚地看到她那晶瑩發亮、幾近完美無瑕的胴體。

這時，全場掌聲響如春雷綻放。

壯漢把舞孃抱着，繞場走了一匝，這才抱着舞孃回到後台。

這種有劇情的艷舞，是我在日本看過的艷舞中最耐看的。那種極限的挑逗性，真的能把男人潛藏的獸性給完整地激發了出來，得到最大的發洩。日本人在「性娛樂」方面，的確匠心獨運。

我看艷舞，有點體驗。好的艷舞，看得人熱血沸騰。糟的艷舞，看得人味同嚼蠟。

什麼是好的艷舞？艷舞專家山田見解如下——艷舞能做到樂而不淫，是為最最高級。何謂樂而不淫？那就是看到女人的胴體，只在於欣賞，並不會有邪念，那是因為跳得太好，早已忘我，哪還想到男女之間的事！

不過，也有朋友持相反意見，認為好的艷舞，最重要還是具有挑逗性，能讓人看得心猿意馬，蠢蠢欲動，盡洩獸性，這才是第「一流」艷舞。

其實，以我個人見解，「一流」定義，純在於個人看法，樂而不淫，固然好，心猿意馬，又有何妨？

對艷舞，我相信大部分的男人都會棄山田說法而寧取後者。

歌舞伎町之憶

夜總會分檔次

日本東京的夜總會，分高檔，中級和低等三大類。高檔的集中在銀座（屬丸の內範圍）、六本木、新橋及赤坂一帶。中級的分佈於新宿（歌舞伎町）、池袋和澀谷。至於低等的，則散落在淺草、西船橋等地方。

我在日本學習時，泡得最多的是中級夜總會，一來是消費相宜，同時也是貼近住處，交通方便（當然還有一個原因，就是中級夜總會人品不太複雜，出事的機會也較少）。當然，那些高檔夜總會，出入光顧的盡是名人、明星、會社取締役（董事長）、作家，林林總總，不能盡數，可消費也大，非我這個留學生所可負擔。在日本兩年半，僅去過兩次高檔夜總會，都是清水大哥做的東。

一趟是在港區六本木的「GOLDEN BLUE」，那是一家名牌夜總會，面積約三千呎，設在地窖，有一條旋轉木樓梯往下引到店面，格式仿巴黎「紅磨坊」夜總會，價錢可比被仿對象更高一籌，「紅牌」威士忌一支是港幣一千。要知道那是七十年代，放在今天，一千也就不能説貴了。

清水大哥好闊，要「黑牌」威士忌，雙倍價錢，那夜，連同他手下在內，一共六個人，乾了三瓶「黑牌」，僅酒價已是六千港元。

至於陪坐小姐，雙美為伴，一共十二位，這筆枱面陪坐費已不少。依我估計，那夜大抵花了清水大哥兩三萬港幣，幾乎是香港那時半層房子的價錢。

高檔夜總會，當然有其值錢的地方，不然，也就不敢收那樣的費用。那麼好在哪？

自然是小姐質素高，雖不至人人美如西施、艷似貴妃、嗲近金蓮，丰腴婀娜、嬌柔溫婉，卻是無一不備。跟伊等把盞聊天，難免烘動春心，言來語去，都會有意。

第二次，也是跟清水大哥逛去的，那是在銀座的「密加度」，聽説是日本最豪華的夜總會（跟香港「大富豪」相比，遠有不如。日本的最有名的夜總會，那年代，佔地也不大，東洋人崇雅潔精緻，體現在風俗事業上，亦復如此），聞名不如見面，見面則更不如聞名，小姐年紀不輕，樣貌也不如六本木的妞兒，只是風情稍勝。

難怪明治大文豪永井荷風在《墨東綺譚》裏說：「在銀座，我看到的是藝伎的氣質，而非她們的容貌。」女伎以氣質勝，那就不是年輕時代的我所喜取的了。

新宿歌舞伎町是我留學時常遊之所，因而縱使閉上眼睛，也能在區內進出自如，那裏的大街小巷，都留下了我的足跡。浴室、酒吧、柏青哥（彈子房）、會所、桌球室等等，我都耳熟能詳。

記不清有多少個夜，跟林原醉倒新宿街頭，直到破曉方由交番（警察）攙扶回家；憶不起有多少個夜，和林原跌進東京妞兒的六蓆香閨。

醉眼朦朧看美人，萬種妖嬈，楊柳腰，脈脈春濃，櫻桃口，微微氣喘。呀！直是春夢無痕，昨日依舊。

池袋風光好

日本夜總會，最好玩的，竊以為是「中級夜總會」。這些夜總會，大多集中在新宿和池袋這些平民娛樂區。一直以來，許多人以為新宿歌舞伎町是庶民遊玩的天堂，其實大謬不然，最過癮的遊樂場所，是在池袋，尤其從東口開展出來的「天國」，樂趣盎然，歡娛難忘。

新宿是出名的娛樂區，因此之故，管制比較嚴謹。所有浴室，概不做外國人生意。試過有一趟，我跟林原跑去歌舞伎町的「歌磨」浴室消遣，進門說日語，僥倖過關，待進了房間，侍浴女郎跟林原打情罵俏，林原的蹩腳日語露了餡，女郎驚叫起來，兩個彪形大漢衝進房間，將林原挾了出來，可幸其時我已得清水大哥照顧，連忙亮出萬兒，這才倖免於難。自此，我們就不敢亂闖了。

池袋離新宿不遠，可規管較鬆，有些浴室也做外國人生意。

至於夜總會，也就更比歌舞伎町的放浪形骸，卻又不至低賤一若淺草、西船橋一帶，這就最中我意，既可享受狂野，復又不致淪為下作。

池袋東口有一家叫「駒」的夜總會，設在一幢六層高「三井」大廈的頂樓，面積約有三千多呎，以規格論，已屬大型夜總會（註：日本夜總會，多屬袖珍型，面積統由一千呎到二千呎。有些甚至少於一千呎，只設枱四五張，吧櫃一所，小姐四五人而已）。

比其他夜總會較為特別的地方，是「駒」會所有樂隊之設，屬三人小樂隊，但技藝超群，其中一個叫五郎的樂手，擅長吹奏「色士風」。我每到「駒」會所，總點他吹奏森進一的《愛你入骨》，而五郎亦從不拒絕，必然盡情表演，樂聲如怨如泣，入耳難忘。

「駒」會所「一ＳＥＴ」標價二千五百圓，價比下北澤還要便宜，但小姐質素尤高，服務也更妥貼。

每夜七時，「駒」會所開始亮燈營業，媽媽生由子和菊子，例必穿上輕便和服，在大廈門口，向路過的男人招手，「依拉薩伊馬西，每度二升哥！」（歡迎光臨，每趟二千五百！）

由子和菊子跟我都很相熟，由子是東北仙台人，來了東京三年，一直以媽媽生為業。菊子是九州人，五年前移居東京，做了人妻，可惜丈夫無良，染上毒癮，給闖進勞教所，盤飧不繼，只好下海，先在銀座大會所做陪坐小姐，一年前轉到池袋，當媽媽生。

論樣貌，當以由子勝，可說到風情，菊子無人能及，一顰一笑，尤勝琵琶半掩面的昭君，而其體態，更無遜於飛燕。聽說她有呂姬之術，能令男人忘憂，是耶非耶，我不得而知。

「駒」會所的陪坐小姐，年齡平均，大抵在二十三到二十八，沒一個有超過三十的。可能受過嚴格訓練，對客人是千依百順，不太「離譜」的揩油，佔佔小便宜，也不會加以拒絕，反而會主動順從，令男人色授魂予。

夜市苦短

「駒」會所還有一個特色，每夜九點三十分，備有一場表演。表演的內容，包羅萬象，有美女魔術、脱衣舞，甚或雙人艷舞。最受歡迎的，自然是一男一女的雙人艷舞，舞姿不俗，單以仿性愛姿勢的動作，已教圍觀的男人拍爛手掌。這種雙人艷舞，論露骨徹底，當不能跟西船橋相比，但正因狂舞於掩映之間，乍掩乍露，這才更誘人。

清水大哥説艷舞的最高境界，不在於全露，只在乎於似露非露間，斯為至理名言。

日本大文豪永井荷風説過——「咱們欣賞女人的胴體，只在於她的半裸之間，太徹底，就有失空想的餘地了。」所謂「空想」，也就是「幻想」，女人的胴體美只衍生於男人的幻想之間，到真的袒裼裸裎，就沒有趣味可言了。

「駒」會所，跟下北澤一樣，「一SET」屆滿，就得離店再回，可去得多了，習俗自可免，「一SET」加「一SET」，直至興盡。

「駒」會所的營業時間是由晚上七點到午夜十二點，短短五小時，似乎是短了一點。我問由子為什麼開店時間這麼短？由子回答：「客人大多數六點下班，七點敲過，才陸續會有客人光臨。尾班電車大約是在凌晨十二點開出，客人十一點半多便散去，即使延長打烊時間，也不會有什麼客人。」這是東京夜生活的一個致命傷。

為什麼不能延長夜生活時間？說起來，這跟東京的城市規劃有關。東京市政府把全東京劃分為商業區、娛樂區和住宅區三個等區，前兩者，絕少民居，商業區在下班後，即靜如廢市，而娛樂區的繁華時段，也只是那短短五小時。

為保環境幽靜，住宅區大多偏離娛樂區，從娛樂區回家，動輒要耗時四十五分鐘以上，如果錯過公共交通工具，轉搭的士回家，車費驚人（註：東京的士消費乃全球之冠），非人人所可負擔。

除此，還有一個弊病，日本的士司機只熟本區路綫，別區交通情況，大多不甚了了。舉個例，銀座區（丸の內）的司機，對新宿區便十分陌生，坐上他的的士，命開赴新宿，他反過來要你客人帶路，可客人平日也是多乘電車、巴士，對路面交通不甚認識，如何指引？開玩笑！因此，客人到娛樂區消遣，寧可在十二點前結賬離場，趕乘公共交通工具回家。

　我曾試過一次，喝醉了錯過電車，酒醒已是凌晨二時半，坐的士花費不起，只好沿住電車路綫，徒步走回明大前的老家，耗時約兩個半小時，抵家門，朝暾已在東面展露新顏了。

浴室春色

洗個澡，哪裏好？

說過東京的浴室，很多不做外國人生意，但有例外，開在北新宿內的浴室，歡迎外國人光顧。七八年，我到東京公幹，偕同同事去了一趟。本來我不懂門檻，可在赤坂一家夜總會的經理指引底下，我們坐上的士，直奔樂園。

我們先是在八點多鐘去光顧那家「金藍」會所的。進門，清清靜靜，空枱子很多，我瞥見音樂枱前的好位子，一個箭步竄了上去，正想坐下，卻教一個穿紫紅色禮服的中年男人截住，他說：「這張枱子已有人定了。」之後示意我們坐到角落空枱去。

我一窘，登時六神無主，同行的同事S君卻不慌不忙地上前用英語說：「我們是從香港來的，明天便走了，聽說貴店是赤坂第一流的會所，特意來觀光，價錢不論，最重要好玩！」

中年男人一聽，眉毛一抬，說：「先生！我們這裏的酒，三多利威士忌也要四百元港幣一瓶……」

話還沒說完，S君打斷了他：「三多利！我們喝不來，你給我開黑牌威士忌，要兩瓶一起上！」聽得這樣一說，那男人可真呆住了，慌忙讓我們在那張枱子坐下。

S君問他可有「雪茄」？

男人說有，向我們推薦委內瑞拉的貨色。S君搖搖頭：「不行不行！我們要古巴的！你幫我弄一盒來！」男人聽了，連聲應「好」！聽得出，他的嗓音在顫抖了。前倨後恭，世上的凡夫俗子，盡皆如此。我們三人是夜連盡兩瓶威士忌，抽了六根雪茄，臨走，把剩下的四根送與那男人。

那男人一直打拱作揖送我們到門口。

S君塞了他一萬日元，問他想要洗個澡，哪裏好？男人堆笑，向我們介紹了北新宿三光町三光大廈的「楊貴妃」浴室。照顧真週到，的士駛到面前，他彎身叮囑司機地址，之後，又向我們欠了欠身子說：「放心！我已吩咐好了，司機先生會送你們去。到了楊貴妃就說是赤坂『金藍』會所太郎的客人就行了！」

車行半小時，到了三光大廈，坐電梯上到六樓，就是「楊貴妃」。浴室大門口的兩邊牆上，分雕兩個唐代美人像，桃李芳容，裊娜生姿，大抵就是楊貴妃吧！入內，鶯聲嚦嚦，「歡迎」之聲，此起彼落，一個穿黑西裝的男人擠着笑上來迎接我們。

我慌忙報上「太郎」的名號。他笑說：「知道了，太郎先生早已打過電話來，說你們是他的好朋友，歡迎歡迎！」你看錢多好，能通神，萍水相逢，立即成了好朋友。

男人自報名字曰「信雄」，他引着我們三人到了更衣室，換過衣服，再帶我們到浴間淨身。

十五分鐘後，我們坐在寬敞的休憩室裏，看電視，吃水果。這時，一個胸前玲瓏、飛揚妖冶的女人走到我身邊，向我推薦「楊貴妃」的侍浴女郎。

「楊貴妃」物有所值

「楊貴妃」不愧「楊貴妃」之名，真乃不同凡響，挑娘兒，可以按圖索驥。妖嬈女人芳名「成子」，她拿出一本照片簿子翻開，讓我挑選。哇！裏面貼滿照片，二十來頁，約有五十多名女郎，燕瘦環肥，艷媚清秀，應有盡有。我看到一個叫星子女郎的資料，除了年齡、高度、三圍尺寸外，還註有特長。星子的特長是擅於奏樂。

我促狹，假裝不明，問成子「奏樂」者，何也？成子媚笑一下，張開櫻桃口，伸出丁香舌，在空中捲了幾下，逗得我笑起來。成子陪笑：「客人先生！那你挑星子吧！」我指指S君說：「讓給他吧！他是作曲家，懂得品嘗音樂。」

結果我挑了個身材高眺、三圍適中叫做好子的女郎。

五分鐘後，成子親自帶我踏上木樓梯來到閣樓，這裏有房五間，皆是和式設計。成子躬身說：「先生！你稍坐，好子很快便來侍候你！」

成子離去不到三分鐘，紙扇隔門打開，一個麗影飄了進來。呀呀！真是眼前一亮，面前這位娘子，高約五呎六吋，瓜子臉，柳葉眉，桃腮杏眼，乍看，無一處不漾着天姿國色的氣質。

我看得呆了，這樣的妞兒，放在香港，什麼明星、模特兒非但要靠邊站，連給她挽鞋的份兒也沒有哪！如此可喜娘！怎會淪落在浴室當浴女？不禁暗嘆：「天道不寧！天道不寧呀！」

麗人進門，把門拉上，先來一個九十度鞠躬，跟住向我紹介：「我叫好子！請多多指教！」我仿她動作回禮，逗得她笑了。好子身穿粉藍空姐制服，腳踏同色高跟鞋子，露出半邊腳背，白如玉，軟似緞，肌理細緻，這樣的腳兒，我想大抵也不遜於笑笑生筆下的三寸尖翹金蓮了吧！

好子問：「客人先生！聽說你是香港來的吧！為什麼懂說日語？」我告訴她曾在日本唸書，好子立刻綻開歡悅的笑容：「太好啦！我們能溝通了！」

原來「楊貴妃」做外國人生意，光顧的多美國人和韓國客人，大部分都不懂日語，而侍浴女郎的英語也大不靈光，雞同鴨講，往往牛頭不搭馬嘴，樂趣大減。

好子告訴我，侍客一節是四十五分鐘，加時與否，悉隨尊便。

服務開始——，跟一般浴室無異，擦背，沖身，按摩……可到了正本戲，就發現服務跟別的浴室大大不同。好子自是曲意承歡，任由擺佈，在六鸞交聘的過程當中，甚至暗示可以橫施夏楚。我並不是ＳＭ的擁護者，可當好子抓我手打她屁股的時候，不知怎的，我感到了前所未有的興奮。

「楊貴妃」半夕歡娛，代價五萬日圓，折合港幣二千五（其時兑換率），不可謂不貴，卻是物有所值。

四十年前銀雪夜

四月二日是日本一個大日子，東京銀座歌舞伎座修復營業，不少日本懷舊之輩，蜂擁而至，把翻新後的劇院擠個水泄不通。

我在日本耽了好幾年，朋友問我可有觀賞過歌舞伎？說「沒有」是騙你，說「有」，也是騙你！此言何解？

記得是一九七三年，日友中村帶我跟台灣同學林原去看歌舞伎，在此前，我對歌舞伎的認識，純然來自日本書籍和寫真集，男女穿和服，在舞台上擺展各種姿勢，嘴裏唱曲。

不要說咱們留學生聽不大懂，就是在東京土生土長的中村也聽得莫名其妙。道理不難明，我是上海人，你叫我聽申曲，我也是一頭霧水，語言在舞台上搬演，為了還就音樂，往往變了形，聽不懂，不羞耻的。因為聽不懂，興致索然，半途，忍不住，跟林原開溜了，不正是半看半不看嗎？

還記得那是一個雪夜，自黃昏開始，雪花紛紛掉下，把馬路鋪陳成一片銀色，林原沒看過雪，覺得新奇，特意拉住我在劇院門外用腳踏雪。古人踏雪尋梅，咱倆踏雪採艷，離開劇院，留下中村一個人獃着，從銀座東走往新橋。

新橋白天是一個商業區，夜裏化身為娛樂城，檔次介乎赤坂跟新宿之間，價錢當然比銀座便宜，我們一個月去一次，負擔得起。

由林原帶路，到了新橋二丁目一條橫弄，裏面燈光七彩斑爛，在雪夜中，散發一片迷離。我很喜歡這種感覺，佇立一邊細細看。林原是一個急色鬼，扯住我走：「葉桑！走吧！裏面的妞兒在等咱們呀！」他指指不遠處一家酒吧，門口有兩三個身披厚外套、下身穿短裙子的女郎正綻着盛開玫瑰似的笑容，在向咱們招引。林原連跑帶跳奔了過去，一手抱住其中一個妞兒，朝「暖簾」鑽。

我走近，才發覺這是一家居酒屋，兩邊簷下掛着油紙燈籠，上寫着「滝川」。「歡迎光臨！」門口兩個女郎異口同聲招應，我欠了欠身子，隨她倆進去。

居酒屋的燈光並不太亮，我仍然看到那兩個女郎的大腿上紅了一片，那是冰雪吹炙的後果，我不由心中一陣痛，忙叫了兩瓶熱清酒，跟她們對喝。

一邊喝，一邊伴以納豆、煨魚乾……，兩個女郎分別叫玲子和妙子，而林原那個夠摩登了，有個洋名叫「蓮娜」，金髮，紅唇，那是當年最流行的青江三奈式打扮，問她可喜歡青江？回答「斯基」（即喜歡），我也喜歡，於是居酒屋改播青江三奈的名曲，林原樂得跟蓮娜共舞，舞姿承繼自剛才看的歌舞伎，大動作，雙腳用力踩地板，木板地發出「砰砰」的聲響。

妙子驚訝說：「呀呀！客人先生！你們懂得歌舞伎？」正想回答是門外漢，好鬧的林原扯住我，搶先說：「對呀！這位先生是專家呀！他懂！」

這一來，可糟糕了，妙子原來是歌舞伎迷，纏住我聊歌舞伎，幸好在香港有看過有關歌舞伎歷史的雜誌，勉強能應付，妙子開心極了，大叫「一番一番！」還在我額頭印了一吻，這可把林原氣死，原想播弄我，卻讓我享受了溫柔。

這夜一直玩到淩晨，打道回府，電車已停駛，的士坐不起，走路回家遠，咋辦？走進附近小公園，坐在木椅上，右手一瓶麒麟啤，左手一根「平和」香煙，一路蹭到天明。

晃眼四十年了，林原何在？妙子、玲子（蓮娜），也是老婦了，相逢道左，還能認得嗎？

日本艷舞綺譚

在東京的那段日子，除了上課、喝酒、看電影，日常的消遣，還是跟同學林原看艷舞。林原率直誠實，君子坦蕩蕩，喜歡看的艷舞，有點兒跟我不同，他要求徹底的奉獻，這在東京都內不會有，別說是丸之內一帶，就是川端康成筆下《淺草紅團》的淺草，也沒有，舞孃最多袒露上半截，讓兩個圓球在君面前盪舞，那算啥門子的事！不打緊，到淺草劇場來的男人，最大的期望不外是眼睛「強姦」那對大圓球，再無逾矩之念。

這種淺草式艷舞，我看過不少回，興趣不大，而林原早就厭了，獨個兒覓得門路，跑到西船橋劇場看真正的裸舞。裸舞，在西船橋真不簡單，舞孃不止全身赤裸，還坐在台椽，讓男人近距離觀看，只可看不能動。有人忍不住手動，平頂頭大漢二、三人，立即奔出，先是勸諭，迨不從，兩人架之走也。

真的不能動？非也！到快完場時，有一個獎賞節目——抽籤，抽中頭號的觀眾，可上台跟舞孃交合。

哇！怎有那麼棒？初聽林原說，以為他在吹，可咱的老同學林原君生性厚實呀！哪會吹？隨之去看，媽的，真的幹呀！

那個胖小子滿頭大汗，在台上跟那個舞孃交戰，愈急愈不濟，無法履行男人義務，急得台下眾人一起鼓掌打氣，甚至有人用木棒敲打台邊，發出「啪啪」聲響以資激勵。

可你愈敲得響，胖子愈不濟，終於一個翻身下馬，舉手投降。

喂！節目未完呀！怎行？

主持人只好又抽另一人，瘦長個子，約三十歲，僅看外表，十足將一員。沒看錯，那瘦長個子一上台，就把舞孃按低「辦事」。

他是一個真正的漢子，不但將舞孃服侍得舒舒服服，淫聲浪語，不住自嘴角洩出，也令台下觀眾興奮如狂，人人想代替瘦長個子，為舞孃效力。

十分鐘完事，台下掌聲如雷，瘦長個子揪着褲頭，滿臉紅光，下了台。

從此，林原迷西船橋的艷舞，我猜他迷的另一個原因，是想做一次瘦長個子，這可從後來他結識了日本女朋友上看出來，他喜歡嬌小玲瓏的東洋女性，這正好跟他個子不高的身形相配合。

我倒不是太喜歡西船橋的艷舞，袒裼裸裎，毫無神秘感可言，看了沒勁，我喜歡在掩映間，春光乍現。

山本伊津雄老師說這是一種偷窺慾，聽了，吃一驚，莫非我變態？山本老師拍了拍我肩：「葉桑！不是的，偷窺慾人人有，不要轉化為偷窺狂就行了。」謹記教言，到現在還未由「慾」變「狂」，大幸也。

要看春光乍洩的艷舞，非得光顧有樂町《朝日新聞》附近一幢大樓上的「歌舞團」，形式仿「寶塚」、「松竹」，規模略小，可群雌粥粥，桃紅柳綠，美不勝收，票價也不便宜，是西船橋的一倍，約在一千二百元，一月看四回，也得花五千元，去了我零用的四分一，可我仍覺得值回票價。

相隔四十年，那艷舞團不知還在否？

「人工」塑造嚇跑了

七十年代在日本讀書，書讀不好，不在話下，更讓家人擔憂。上海人有句老話，說得好「做人頂怕軋壞道」，就是說人最怕認識到損友，近墨者黑，必然學壞。

那年我在新宿歌舞伎町的桌球室遇到了清水大哥，自此一如林芙美子《放浪記》裏面所說的，放蕩了好一段日子。

人到異地喜嘗鮮，什麼新奇事物都想軋一腳，我也不例外，跟隨清水大哥去了窺飼屋、玻璃喫茶店、淺草脫衣舞場、歌舞伎町小會所……，玩個不亦樂乎，那時心裏在想：真不枉此生了！後來清水大哥轉到千葉發展，少在東京，便疏往來，可那時我已是東京老雀，仗着清水大哥名號，天不怕地不怕，千山我獨行，不必懼怕。

有一次，我在新宿的公眾電話亭看到應召廣告，於是便撥電話過去。接聽的是一個沙啞的女人聲音，問明我身何在，就教我到附近一家叫「風」的咖啡館去等。

她告訴我會有一個妙齡女郎前來，手上拿着一本《藝能》週刊以資識別。

我問要多少時候才能到？女人沉吟了一會：「半個小時到四十五分鐘吧！」

東京地大，半小時的路程，不算遠了。我覓到「風」，坐下要了一杯特殊咖啡，緩緩啜，慢慢等，很快想起在香港時跟隨堂兄到希雲公寓的情形，其實我並不喜歡找應召女郎，相見陌生，哪會產生感覺！我只是嚮往緬懷那等待的過程。

不知是哪位小說家說的「性愛的樂趣來自幻想。」我十分信服這句話，閉上眼睛，想着那快將來臨的女郎是個啥樣子，樂趣無窮。

當那個女郎出現在眼前，形象跟心裏描摹的大致相近，就會有一種特別滿足的感覺，相反，真人與想像有雲泥之別時，失望也是頂大的。

那夜，我足足候了五十分鐘，才見到有一個穿着鵝黃套裝的女郎，手上拿着一本《藝能》週刊闖進了「風」，左顧右盼，正在找人。我看了那女郎一眼，滿頭金髮，嘴唇腥紅，那正是當年東京最潮的打扮。

再看身形，僅五呎一吋高，胸脯大，腳短，不合比例，我立刻知道女郎是經過改造的。

不知怎的，我有一個習癖，很怕接觸整過容的女人，把自然殺了，換上「人工」塑造，我會作嘔。我沒有跟那個女郎招應，假裝看雜誌、啜特殊咖啡，正眼也不看她。女郎找了一會，帶着失意的神色離開了，我吁口氣，如釋重負。天哪！我決不能跟那樣的女人上床呀！

上了一趟當，學乖了，嗣後去作應召遊戲，例必問明年齡、身形、樣貌，貨不對辦，「斯米馬賽」（對不起）！不要！

日本的應召中心，做生意作風很老實，客人提了要求，多數能滿足需要，不會耍花招。偶然「貨不太對辦」，把女郎要了回去，打電話去責問，對方必然聲聲道歉，會在最短時間內，送上令客人滿意的貨色。許多人說日本人墨守成規，一成不變，可這「墨守」往往也是優點呀！

倒霉的「見合相談」相親記

初見掽釘

「相親」，日語名「見合」。在日本時，常在車站月台石柱上看到「見合相談」的廣告。好奇心起，亟想知道這種「見合相談」到底是什麼回事？可帶有色情成分？於是向慶應大學社會系的老友吉田打聽。吉田是神戶人，本在神戶唸高中，畢業後，舉家遷東京，考入慶應大學，因關懷社會各種不平現象，毅然報讀社會系，對日本社會各階層，有着十分深刻的認識。

禮失求諸野，問吉田，問對人。吉田告訴我這些「見合相談」分有正經和不正經兩種，在車站月台上賣廣告招徠的，大多是「正經」的，兼負着為未婚男女服務的偉大志願。

我要求吉田陪我去看看，吉田連聲説好。於是某個週末早上十點，我們兩人來到新橋三丁目的一幢大廈的三樓，那就是「柳川見合相談所」。接見我們的是一位中年婦女，名片上的名字是「皆川美智子」，自稱是京都人，因而日語帶有濃厚的京都口音。

她瞄了我們一眼，問：「是哪位先生要見合？」吉田用手肘碰碰我，示意我表態。既然是我主動要求來「觀光」，自不可推卸，就報上了名字。皆川女士對我是香港人表示了極大的驚訝，正當我有點尷尬想打退堂鼓時，皆川女士又說：「葉桑！那太好了，如今日中友好，許多日本姑娘都想找個中國丈夫呢！」

那時電腦尚未流行，皆川女士從一個立地鐵櫃裏取出三本厚冊，放到我面前，叫我打開細看。那是「寫真名冊」。打開，每頁有女性照片三幀，一是正面照，二是側面照，三是全身照。照片下密密麻麻，盡是相中女人的資料。細看，從姓名、籍貫到三圍尺碼、嗜好，都列得鉅細不漏，令人即使未見真人，起碼有了約莫的了解。

看完了一本，沒心動。再看一本，亦然。

那是啥原因？且聽我娓娓道來！

我們在香港看日本電影，甚或在日本看，都每每受惑於銀幕上的東洋美女，於是有了錯覺，以為日本女人多是美女，豈知我到了東京，終日在街頭流連，卻是「十不見其一」，東洋女人大多個子小、臃腫肥胖，跟銀幕上所見，全是兩碼子的事。何況，日本女人多偽善，外柔內剛，我的老同學林原交了個日本女朋友，貌如母夜叉，性類惡老虎，林原虎落平陽，英雄日夜困愁城。

皆川女士要我填資料，我藉口拿回家填。最後自然是逃之夭夭，沒了下文。這些「見合相談所」，填了表就得交五千元登記費，將來「見合」成功，還得另付款項。

付錢娶「肥妹」，我「唔——制」！

再見白花錢

正經的「見合相談」，沒啥趣味，玩之道，仍然以帶點兒邪門較合男人心意，我既是男人，當不可免。可吉田是正正規規的大學生，於玩樂一道，知之甚鮮，要他帶路，不可行。那怎麼辦？難道啥事體都要求諸清水大哥嗎？怕人會嫌煩。

有一天，打從學校下課回家，在車站的報攤上看到了有幾本封面性感迷人的週刊，取來一看，裏面彩色大頁刊登了兩點畢呈的東洋美女，年齡由十八到二十五，各展風采，姿態誘人。再揭下去，看到黑白頁上有「特輯」報導「見合相談」，文字挑逗煽情，天下最笨的男人一看也知道是什麼回事。且看下列標題——

「巨乳美女見合！性感大開放！」

「乳浪臀波，見合相談師與你徹底裸談！」

我知道找對門路了，付了七百円，捧了兩本週刊回家。

其中一本叫《大眾週刊》，這是老牌情色雜誌，內容多報導黑幫動態和夜生活近況。我翻到後頁，在「見合」廣告欄上，挑到了三家合意的相談所，一家在池袋，兩家在淺草，取其近便，敲定「池袋」那一家。

第二天，碰巧是星期五，沒我的課，下午兩點在車站麵店吃了飯，坐電車出發。

那家叫「幻之夢」的「見合相談所」在池袋車站西口對開的一條橫弄裏。所在大廈已頗殘舊，看來是昭和早期的建築，三層高，相談所在地下，拉開趟門，已聽到一聲「依拉塞爾馬西」（歡迎），說話的是一位美麗的女郎，穿一襲粉紅套裝，裙裾甚短，露出兩條光緻的玉腿，胸口開得低，「事業綫」畢現。

女郎引我到一個小房間坐下，裏面只有一張寫字枱和數張椅子。我坐下後，女郎自我介紹叫「由美子」，之後就詢問我要見什麼樣的對象！

我回說最好找個具有東洋氣質的女郎，千萬不要那些染一頭金髮、舉止妖嬈的新潮少女。由美子笑了笑，問：「像我這樣，行嗎？」我連連點頭，滿以為她在毛遂自薦，豈料會錯意，由美子說：「那我就介紹一個跟我相似的女郎吧！」

真有點失望，卻又無可奈何。

由美子拿起電話，說了幾句，大意是指示對方快來。掛了電話，由美子說：「我們這裏，見合是以時間計算收費，一節三十分鐘，收三千，再加一節，八折優待二千五。你可以一次過付兩節錢，也可以分節付款。如果來見合的女郎，你不滿意，可以讓她離去，收車費五百元。」

我眉頭一皺，那豈不是即便什麼都沒做，就要破鈔五百元了嗎！我隱隱有點兒不服氣，萬一來了個豬八戒，趕她回去，付五百，再來一個則是母夜叉，那咋辦？又送五百！我豈不是做了冤大頭、呆笨蛋？

我心裏嘀咕，臉不露怯色，靜觀其變。等了好一會，伊人芳蹤未見，看來由美子尚未覓到理想對象，心忖不如扔下一千元，一走了之。主意打定，正欲宣諸口，由美子說：「先生！我手上還有一個女郎，剛好昨天才登記，她長得很美，要不要叫她來讓你看看？」

我轉念一想，橫豎要付一千，倒不如叫來看看，萬一不行，打發五百車費了事，還省下五百，划算！於是就回說：「好吧！反正我沒事！」

由美子立即打電話去叫，嘰哩咕嚕說一堆，最後掛上電話，朝我笑了笑：「本來還不肯來，我說你是香港人，這才引起她的興趣。」我「雞吃放光蟲」心知肚明，明在擺噱頭，還要說得冠冕堂皇，不外是向哪裏挖角留我這個香港客。

由美子引我走進角落的會客室，裏面有一張橫擺大沙發，兩張單人沙發，對向置放，中間隔了一張雕花小几。几上置一花瓶，插了三株康乃馨，花卉初綻，飄着細香。

由美子送上一罐「札幌」啤酒，果子一碟，說：「先生！你稍等一下，她很快就來。」說畢，躬身退出。會客室裏留下我一個人，喝啤酒，吃果子，倒也不悶。過了一會，敲門聲響起，說了一聲「請進」，紙門給拉開，閃進一個綠衣身影。定睛看，眼前是一位妙齡女郎，身高五呎四吋，體重不逾一百一十磅，堪稱纖細均匀、體態撩人，再看容貌，柳眉含羞、桃腮吐艷、秋水展秀，的是一個漂亮人兒。女郎向我欠了一下身子，在我對面坐下，自報名字為「春子」，家住千葉縣。

對「見合」我毫無經驗，面對麗人春子，竟然老鼠拉龜，不知如何入手，只好拼命灌了幾口啤酒，可能動作突兀，招來春子一陣訕笑。不禁臉紅如赤，渾身發熱。

春子打開皮包，掏出一塊軟絹，遞到我面前：「先生！你熱了！擦擦汗！」我訥訥接過，擦掉額上汗珠，隱隱嗅到一陣幽香，之後將軟絹交還。春子接過，說：「我們這裏規矩是半小時一節，先生！你有什麼問題，可要掌握時間！」

一言驚醒夢中人，我就隨意詢問春子的履歷。答案自然是胡亂堆砌，不能當真。

我也是身在「見合」心在「色」，視綫不離那兩條自春子裙裾裏露出來的雪白長腿。目光灼灼，灼熱了春子的心。

她彷彿含情脈脈地凝視着我，我也凝視着她，四目交投，心與神會，春子奔過來，投入我懷裏。我也老實不客氣，伸手圈住她的腰，輕輕在她臉上印了一下。隨之，我的手開始不規矩起來。春子也不推拒，偎在我耳邊不住說：「先生！要加節呀！要加節呀！」

那天「見合」，一共花了一萬日圓，得到的只是手足之慾，自此我再沒光顧過「見合相談所」了！

素人出演

七八年我重遊日本，跟老友本池滋夫共事，迻譯日本漫畫，出版中文版本，這便是植田正志的《碰釘先生》（註：此書曾在內地出版）。漫畫主角是個小人物，為人憨厚忠直，熱心助人，可常好心做壞事，連連闖禍，我靈機一觸，就把漫畫的書名改作《碰釘先生》，本池拍手讚好。

本池滋夫本是七十年代中《讀賣新聞》駐香港的特派員，因了一趟反霸權會議，跟我成為莫逆。七六年調回東京總部，升了職，就常想招我去日本見面，碰巧「竹書房」的竹口社長想發展中國市場，知道本池懂得中文，又在香港耽過，就請他翻譯《碰釘先生》，本池一怕任務繁重，負擔不來；二又想見見我這個老朋友，就來電話邀我到東京參與工作。

我下榻新橋的格蘭酒店，每日早上十點由《讀賣新聞》的專車來接到本池府邸工作，一路到夕方，這才告止。本池和我都喜歡喝清酒，躲在家裏喝，不過癮，兩人遂結伴外遊。

本池所居之地曰白山，附近有許多小酒館，隨便挑了家，兩人鯨飲清酒十二小瓶，都有了醉意。本池一挺胸脯，自告奮勇，要帶我去看看白山「夜色」。天階夜色涼如水，此時正值七夕，我跟本池兩人，在月光映照下的馬路上走走呀走，走到哪兒呀？

一張「看板」（廣告）躍進眼簾——「月曜脱衣劇場　素人出演」。

「要不要進去看一看？」本池賊嬉嬉地問。對脱衣舞，我興趣本不大，大概少年時，看得太多了吧！電影《歐洲夜生活》裏，那些活色生香的脱衣女郎，舉手投足，充滿迷情，豈是一般庸脂俗粉可及。正想推拒，卻給本池一把拉住：「進去看，是素人演出！特別有味道。」

所謂「素人」，一般人都以為是「業餘」業者的演出，其實日本語裏的「素人」，還帶有「普通人」的意思，即如女白領、家庭主婦等等。在日本有一段日子，可從未看過「素人」演出，於是藉着酒意，跟本池走進劇場。

台上正有一個素人在跳舞。燈光照在她臉上，嘿！居然朱粉不敷，以清水面孔示人。看舞姿，極其生硬，臉上表情也不多，縱然如此，台下觀眾仍然為她戮力鼓掌。音樂聲由慢轉急，素人女郎拼命扭腰擺臀，跟住雙手一甩，胸圍「啪」地飛出，落在其中一位觀眾手上，那觀眾連忙攫牢，湊近鼻子嗅索。

這時燈光暗了下來，素人女郎向住觀眾鞠了個躬，説聲：「謝謝，下次請再光臨」，退到台後。接住另一位素人女郎上台，年紀輕輕，舞姿也是牽絲攀藤，不着邊際，觀眾仍然看得過癮。

本池告訴我，台上素人白天皆有正職，有的是主婦，有的是超市女職員，有的是O.L.，到劇場來作素人演出，一是賺外快，其二是挑戰自己的膽量。

我聽了，一頭霧水，第一個理由還可理解，第二種理由，就太令我摸不着頭腦了。東洋人的想法跟咱們中國人到底是大異其趣，不盡相同的！

美人放題

即使現在到日本逛去，無論是哪個城市，東京、大阪、神戶、橫濱，你都會看到「放題」這個「看板」（廣告）。「放題」者，日語也，意謂「任便」，如「飲み放題」，就是酒水任飲，「食べ放題」，就是料理任食。可如果你看到如下的一則「看板」，你會有什麼想法？

「美人放題」若然依照字面意思解釋，豈不是「美女任玩」！果有如此便宜的事？

三十多年前，在東京讀書，一日逛池袋，在某條橫丁，就看到了「美人放題」的「看板」。好奇心起，想一窺究竟，雖然「看板」上寫明二千日圓「放題」，心卻有疑慮，怕誤闖黑店，後果堪虞，不敢入內。

踟躕再三，仍然掠門而過。但是「美人放題」這四個字着實太吸引了，回到家裏，躺在榻榻米上，輾側難成眠，非得「究明」不可。

第二天，便去找清水大哥，道明來意，要求派一兩個手下，陪我前往探險。清水大哥豪邁之極，說：「不用！就我陪你去！」

於是這日黃昏，我偕清水大哥和兩名手下，摸到了池袋那家「美人放題」店門口。上前招呼我們的中年漢子，並不認得清水大哥，但看到站在他背後的那兩個平頂頭凶悍的樣貌，心中已料到八九分，十分殷勤地引我們到一個廂房坐下，八蓆見方，兩組紅皮沙發對放，中間一張長形木几兒，上有康乃馨盆栽。

中年漢子遞上名片，說：「我叫山崎！請多多指教！客人先坐！你們要用哪個餐？」一邊送上食譜供挑選。我翻開看，上分ABCD四種，A餐是壽司刺身大盤，B餐是牛肉刺身大盤……

咦！這只是食譜，跟美人有何關係！我望向山崎樣，一臉狐疑。山崎看樣子便是一個精靈的經理，立知我意：「客人先生！我介紹你吃A餐吧！二千圓，包你喜出望外！」清水大哥說：「那就要A餐吧！還有請把啤酒送上來！」山崎「嗨」的一聲，退了出去。

我滿腹牢騷欲發，要吃刺身，何須來這裏，在新宿歌舞伎町，一客刺身，不過八百圓。

隔了一會，木門給敞開，四個大漢，托着一個長一百八十厘米、闊一百二十厘米密蓋的大銀盤走了進來。銀盤給「砰」的放在木几兒上。

後面隨着進來的山崎很恭敬地道：「客人先生！請慢慢用！」他身邊的兩個女侍，慌忙為我們倒啤酒。這時，山崎雙手一拍，四名大漢掀開蓋子。

呀呀呀！盤裏躺着一個不着寸縷的女人，身上鋪滿一塊塊鮮紅香嫩的刺身。

山崎示意我們用筷子去挾女人身上的刺身來吃。清水大哥老實不客氣，搶先挾了一塊，蘸了香葵，吞進口裏，一邊嚼，一邊讚嘆：「好吃！好吃！」

原來「美人放題」是這麼一回事，虧得東洋人想出這個玩意。我跟着吃幾片，清水大哥手下也跟着吃，很快，盤中美女，裸裎眾人眼前。

動眼不動手，要動手，盛惠一人五千圓。看官！你說划得來乎？

殺人與美人咖啡

「殺人咖啡」遭洗劫

八〇年我到東京做事，逗留一個月，除了工作，便是閒逛。那時候，日語能夠說了，而且說得比現在好，溝通沒問題，於是冶遊的膽子益壯。

有一天，工作告一段落，正是夕陽向晚光景，我拜別摯友本池，獨個兒從白山坐電車到池袋，在東口下車，踅入「步行天國」。注意：日本人的「天國」乃是「樂園」之意，並非咱們中國人心中怕去的「天堂」。因而踅入「天國」，便是進入「樂園」尋趣。

兩邊都是酒吧、夜總會和桑拿。對這些玩意，我已耳熟能詳，雖然門面不同，內容則一，都是酒、色一條龍，並無新意。我只想在「天國」尋找新的玩意，享受新的樂趣。

由東走到西，再由西轉到南，自南復向北，整整走了一匝，仍無新發現，天呀！如何是好！就在我想對池袋「天國」說「沙喲哪啦」之際，一塊豎立式的七彩看板（廣告板）吸引了我的注意。看板上寫着「美女咖啡，一杯三千，追加（再添）千五，保君樂陶陶，逍遙忘憂，風流無邊」。這是啥玩意？好奇心起，決意進去看看！

進了門，燈光幽暗，音樂悠揚，情調不俗。有一個中年女人迎上來，一句「歡迎光臨」之後，就引着我坐進了高背卡位，接住把夾在脅下的餐簿，遞到我面前，問：「先生！你要選哪種咖啡？」

咦！像模像樣，不像是低級架步！我接過餐簿，打開一看。餐簿只有三頁，第一頁有爪哇咖啡，三千元一杯。第二頁巴西咖啡，四千元一杯。第三頁日本咖啡，取價最昂，五千一杯。我不明所以，要求女人解釋。

女人打量了我一眼，說：「先生是第一次光顧敝店吧！」我點點頭。女人往下說：「這三種咖啡取價不同，服務也有異！」接住她就嘰哩呱啦地解釋了一大堆。

根據女人的說法，咖啡取價「平貴」，在於服務方式的不同。第一種爪哇咖啡，就是有女侍陪飲聊天，以十五分鐘為限，再談十五分鐘，則補一千五百元。

第二種巴西咖啡，也是女侍伴坐，不同的是女侍是穿上比基尼，讓你享受視覺之樂。第二種咖啡要補鐘，則是每十五分鐘二千元。

至於第三種，日本咖啡，女侍穿了浴袍伴坐，袍裏真空，客人可通過女侍的蠕動，一窺內裏風光。這種咖啡，補一個鐘不便宜，要三千元。換言之，坐上半個小時，就要八千元，並不便宜。

入了寶山，豈能空手而回，我先挑了「日本咖啡」。跟住問那女人，如果要仿安祿山施爪，那又如何？

女人說：「那當然要補特別鐘。」一問多少？女人舉起一個指頭，即是一萬元，限時十五分鐘。即便一屁股坐下，要日本咖啡，再加祿山之爪，半小時也要一萬五千，比泡夜總會還貴。美女咖啡嘛，根本就是殺人咖啡！

「美人咖啡」殺細胞

池袋一役，遭「殺人咖啡」洗劫，不見一萬五千圓。「埋單鬆人」，有如逃難，一萬五千，施以祿山之爪，似佔便宜，實是賠本。

回到水道橋「格蘭」酒店，洗過澡，躺卧床上，想起這事，有點不服氣，便打電話找清水大哥尋問。他一聽，爆起狂笑，稍歇，說：「馬鹿！你這個馬鹿！哪有人玩得像你這樣笨，美人咖啡，人人皆知是殺人咖啡，本地人絕不會上當！」

跟着他問我花了多少錢，如實以告。清水大哥又笑了幾聲，問我要待怎地？我當然說「算了」，我是文人，又不是啥的流氓，吃一塹長一智，這道理我還懂。

清水大哥似乎很欣賞我的這種作風，硬要請我吃飯敘舊。約在新橋「中國飯店」見面。這家飯店是我世伯香予老先生所開，吃飯可打個折。

晚上七點，清水大哥帶了兩個手下來了，四個人開了一瓶「三多利」威士忌，點了四個菜，邊吃邊聊。席間，清水大哥溫言軟語安撫我不要為「殺人咖啡」而氣惱，飯後會帶我去見識真正的「美人咖啡」。我「啊」的叫起來！在電話裏不是說過那是騙人的玩意嗎？清水大哥的手下瀧田說：「嘿！大哥出馬，當然有真的美人咖啡招待！」我本來半信半疑，基於一向對清水大哥的信任，只好拊掌奉陪。

飯後，坐上清水座駕，直奔赤坂見附一丁目，在一幢四層高大廈門前停了下來。由清水牽頭領着，直奔頂樓的「櫻咖啡」。

「櫻咖啡」，店如其名，進門有櫻花香，有咖啡香，還有女人香。卡座枱上擺有「草月流」花道盆栽，清幽高貴，滿室頓雅。女侍上來侍候，一色粉紅短裙低胸T恤，膚色泛白，腿光精緻，看得我目炫神馳，舌乾唇燥。清水點了四杯咖啡，望着我問：「這裏如何？」我環顧店內一眼，說「裝飾雅淡，女侍性感、美麗，不錯不錯，可看不出有什麼妙處啊！」清水笑而不語。

忽地，店角小舞台上的樂隊奏起森巴音樂，氣氛由靜而動，燈光變暗，正摸不着搞什麼名堂，變化來了！這時，地板陡地亮了起來。我一看，才發覺地板原來是水晶玻璃鋪成，地底暗藏探燈，一亮起，晶瑩耀目。

瀧田推了推我的手肘，低聲道：「葉桑！快看地板！」我朝地板一瞧，奇景立現。啊啊啊！我的媽呀！如此奇景，生平不曾得觀。

呀呀！那些穿着短裙的妙齡女郎，無穿內袴，此刻捧着咖啡，在水晶地板上走着，裙底春光就盡地反射出來，落入了我的眼簾。

五六個女侍，手上捧着咖啡，隨住森巴音樂，扭腰擺臀，還不時撩起裙裾，曳腿，秘處乍隱乍現，真乃扣人心弦，殺我萬千細胞！

這「美人咖啡」，雖只可觀而不可褻玩，可刺激度勝過那「殺人咖啡」多多矣！唉！我真乃「馬鹿」！

性愛補習

香港的補習社，開得滿街滿巷，東洋亦然，不過此補習社與眾不同，內裏乾坤，非光顧者不能辨。七十年代的東京，繁華勝今，走在銀座、新宿、澀谷、池袋，處處都是誘人的架步，酒吧、夜總會、桑拿，數不勝數，只要有鈔票，保証賓至如歸，歡樂陶陶，色夢難醒。在東京學習了大半年，日語能說了，環境摸熟了，普通架步去厭了，就想到轉轉口味，找一些特殊的。問道清水大哥的弟兄瀧田君，他自願充任「盲公竹」，帶我去各類新型架步逛遊，上文講過的「美女咖啡」，正便是其一。

有一個週五下午，學校不用上課，我跟瀧田在原宿一家小餐館吃過午飯後，便由他領着，直向一個新架步出發。抵埗，原來是一棟兩層日式房子，黑檜木建造，樓下大門南側木壁上嵌了一個黃銅牌子，寫着「黑字」——「原宿松田補習社」。

我一看，「呀」的嚷起來：「瀧田！我的日語大抵不用補習了吧！」瀧田笑了笑：「葉桑！你的日語已不錯了，何須補習，不過，這補習社可不是一般補習社，你進去看看便知道了！」聽瀧田這麼一說，我便知內有乾坤。

二話不說，跟在他身後，大步跨了進去。原來裏面很闊大，入口是款待處，有一個穿深藍制服的女人笑盈盈地向我倆請安，然後遞上課程表，讓我們挑選報讀哪一科。我接過一看，裏面分ABC三項課程。

A課程：性愛技巧初階，分六節，一節收費五千日圓，學生可報讀全科，也可只揀讀一節。B課程：性愛實習，一節收一萬日圓。C課程：最高級性愛體驗，一節收費兩萬日圓。一看便知是「賣羊頭掛狗肉」，卻正合我意。瀧田向我打了個眼色，我會意，一起挑了A課程。

那個藍衣女人按了鈴，立刻有一個穿着黑西裝的男士從角落走過來，引我跟瀧田分別進入一個小房間。房間大約一百呎，放有一張長桌和兩把椅子，牆壁上掛着一塊黑板。未幾，聞得門聲「咯咯」響，進來了一位年約三十、頭染金髮的女人，手上捧着一疊書，進來後，坐在我對面的椅子上，說：「我叫和子，是你的導師，先生！貴姓？」我告以姓名，並說出來自香港。

和子笑了笑：「為爭取時間起見，我們開始授課吧！」接着便打開書本，煞有其事的講解起來。她的日語講得飛快，像機關槍。以我的日語程度，只能聽懂和子一半的說話，大約離不開性技巧。可我來這兒，並不是光聽性技巧呀！總得撿點便宜呀！

無意中，我朝桌底一看，呀！發現了大秘密。

春光乍現，乍露春光。

原來那位補習女老師和子居然沒穿底袴，露出了一把張飛鬍子。不知是否有意，還是無意，和子老師不時擺動雙腳，時而交疊，時而分岔，直看得我血脈賁張，不能自己。和子口述的教材，我自然是一個字也沒聽進耳裏。

忽地耳邊響起了銀鈴般的「吼聲」：「葉桑！你有聽我說的講解嗎？」猛地一驚，抬眼一看，看到了杏眼圓睜和子老師的慍容，立刻肅然回答：「我正在聽呀！」和子老師站起來，俯向我，指着我手上的講義，說：「我正在說如何愛撫女性的敏感部分！」

知道了！我無意中向和子老師望了一眼，這一望，呀呀！又令我再一次的血脈賁張。原來和子老師沒有戴胸圍，清清楚楚，明明晰晰，那兩團軟球，跳進了我的眼簾，嫣紅、纖巧，我連忙移開視綫。

和子老師不以為忤，問：「葉桑！你看到了什麼？」我不敢打誑，顫着聲音說：「我看到了你的胸脯。」「那就好了，你有什麼感覺？」和子老師坐了回去。我訥訥地說：「有一點衝動！」和子老師接住問：「只有一點？嘿！我真失敗！葉桑！你要不要聽解B課程？導師可以是我，也可以是另一個老師，這要看你的選擇。」

我連忙說：「當然要和子老師！」和子老師滿意地笑了笑，說：「那麼就請你先付學費，一萬圓！」我付了學費與和子老師。

和子老師把鈔票數了一下，塞進裙袋裏。接着就走過來，坐在我膝蓋上：「你可以將你的手伸進去——」她指了指胸口：「試探一下它的反應！」我如奉綸音，快如閃電，兩手已探了進去。和子老師嚶了一聲，半閉眼睛，說：「葉桑！你的手是不是有電？電得我好舒服！」哪有什麼電，我只是大唱「燕雲十八摸」而已。

此後的情形，你們大致可以意會到，不細說了，我只能告訴你們那趟我補習到底花了多少補習費。那是整整三萬五千圓！

很明顯，最後我還是選擇了C課程，跟和子老師共遊巫山一遍，雖不斷腸，那個月卻幾乎斷了炊。

事後，瀧田問我花了多少錢！我如實以告，他哇哇叫起來：「你怎麼搞的，哪能花這麼多？」問瀧田花了多少？

瀧田說：「五千。」問報讀了哪個課程？

瀧田回答：「ABC，三個！」

一聽，幾乎氣炸肺，同時也明白了正人君子與流氓的分別，欺善怕惡，連一向講規則的日本人，也不能免俗。

大阪風情

我在日本求學的時候，去過的地方為數不少，惟獨沒到過大阪，因而常引為憾事。聽說關西跟關東頗有分別，第一是言語，大阪話較重尾音，俗語又多，明治以降，關東（東京）話被奉為標準日語後，關西話就不被重視了，可大阪人仍然喜歡講關西話，尤其是幫會中人，十居其九操關西話；其次是大阪女人也較東京女人樸實真誠，所以討老婆，還是以大阪、京都女性為宜。

二〇〇四年，我第一次去大阪，是應山口組長之邀，參與關帝像開光儀式（我自幼奉關帝為誼父）。我們一行四人，坐飛機到達新大阪機場，盛力會長派車來接到南海第一酒店住下。稍事休息，便到他的辦事處「盛力」大廈參觀。那是一幢五層高的大廈，乃盛力會的總部，第一層是大廳，二樓是會議室，三樓是武道場，四、五樓是辦公室。

關帝像開光儀式，定於翌日中午在二樓舉行。當日風和日麗，盛力會長特意邀了太田大和尚主持儀式，並同時邀來各路人馬參與其盛，我認識的便有在香港拍過電影的倉田保昭和大阪聞人小野大樹。儀式舉行了約一小時，完畢後，眾人聊天。太田和尚是個妙人，最喜《三國演義》，因而跟我論述了對關帝的評語——「此君忠義，而稍嫌智慧不足」，真是一語中的。

會散，回酒店稍事休息，黃昏到料亭吃飯，是牛肉鐵板燒，廚師把神戶牛肉塊放在鐵板上慢慢燒，香氣襲人，飢腸轆轆的陳惠敏再不能忍，大嚷：「快些！餓死人了！」眾人聽了大笑。飯後，由盛力會長帶隊逛花街。

在心齋橋東面有一匝地，約一萬平方米，全屬盛力會長的勢力範圍。全區分有十條街左右，兩邊大廈矗立，全是玩樂場所，有會所、浴室、酒吧、料理店、彈子房和卡啦OK。

盛力會長知道我們喜歡喝酒、唱歌，引了我們去了一家會所。一進門，經理、媽媽生皆出迎，九十度鞠躬，由門口一路鞠躬到卡位坐下。兩位濃妝艷抹的媽媽生過來招呼，一名優子，一名月子，都是韓籍麗人。

會所面積一如我求學時期去過的一般無異，地小精緻，倒是陪坐女郎，質素很高，腰細腿長，隆胸盛臀，雖非「絕色」，亦係美女，一問底下，原來都來自南韓漢城（首爾），日語能説，但不流利，於我反而較易應付，久未講日語，生疏不少，若遇東洋麗人，怕會出醜。

根據會所規定，陪酒女郎不能在工作時間偕客外出，可我們不在此規範之列，可隨意帶小姐出外。惠敏看中了一名小姐，當夜帶回酒店，一夜薦枕費是五萬日圓（折港幣四千）。

翌日清早，惠敏來敲我房門，央我作傳譯，啥事體？一問底下，方知惠敏同情美女可憐遭遇，要為她贖身。

惠敏問贖費多少？小姐回說起碼港幣二十萬。小姐知道惠敏跟盛力會長善，於是求他出頭磋商。我聽了，真是哭笑不得，惠敏長我兩年，居然還有童真，實是難得。後事如何？自然是不了了之。

女郎哭鬧之後，沮喪地離開酒店。

盛力會長的手下八點鐘MORNING CALL，請到酒店餐廳早飯。惠敏跟我走進餐廳，盛力會長早已在，旁邊坐了一名身材豐滿的女郎，殘脂剩粉，嬌慵乏力。原來會長為了陪我們，昨夜宿於酒店，這女郎自然為他薦枕。

我剛巧坐在女郎身邊，無意中看到她雪白大腿上，左一角青、右一片烏，傷疤斑斑，心中狐疑，卻又不便動問。後來，會長的手下宇保告訴我，會長素有ＳＭ癖，與他交合的女人，無有不被飽以老拳。我聽了，嚇了大跳，會長乃空手道黑帶四段高手，捱他一拳，連我也支持不住，況乎弱質女流？

這一天晚上，會長帶我們去了第二家會所，同樣是韓國會所，小姐全是韓國人，我很感乏味，既然來了日本，夜遊首選，必然是東洋美女，韓妹不與也。只是人家作東，咱們客人實不便多話。

第三天，會長要去神戶開會，我們自由活動。

說起大阪幫會，許多人不知道，還以為幫會總部便在大阪，錯矣！原來幫會老巢在神戶的兵庫縣，每隔兩個星期，各方會長都要到總部開會，洽談會務，議定政策。偷得浮生半日閒，我跟惠敏由會長三個手下帶着，遨遊大阪。

手下中，有名園田者，本是沖繩人，因在當地犯事，坐了牢，出獄後，跑到大阪投靠盛力會長，成為盛力會的金牌打手。園田告我，他習武僅兩年，身手為何如斯了得，實乃得力於街頭實戰，此正跟惠敏同道，因而兩人甚談得來。年屆中年，我對打殺已感厭倦，何不乘身有餘力，偶爾風流一下呢！宇保和高橋最明白我心，自動提議帶我去大阪中下級的架步看看。這地方，離心齋橋不遠，幾條小巷，全是黃色架步。

宇保、高橋兩人先帶我到澡堂洗澡，脱去衣服，侍浴女郎指着我大叫，我給嚇了一大跳。問何事喧嘩？女郎指着我的身體喊：「老闆娘！看呀！他沒有刺青，他原來不是那庫沙（流氓）！」

原來大阪的幫會分子，身上必有刺青，他們從不會跟沒刺青不屬幫會的人交往，因此侍浴女郎才會大驚小怪地叫。

為我侍浴的女郎，年紀大約三十，身形不俗，樣貌一般，但溫柔體貼，很能善解人意。浴畢出門欲付賬，怎料那胖胖的老闆娘無論如何都不肯收錢，還一逕地鞠躬，送我們出門，口中唸着：「謝謝光觀，下趟賞面再來！」這時我才知道，幫會分子消遣，是不用付錢的，難怪他們收入雖少，日常生活卻奢華淫逸。

洗了澡，又去會所，這裏的小姐全是日本人，溝通無阻，倍感親切。比起那些韓妞，這兒的東洋妞，更是順得人意，套句粵語，就是「你話點就點，任你玩！」

過了兩天，我回東京，跟新聞界的老友椛浩談起大阪經歷。椛浩說：「那是因為你跟幫會中人在一起，那些妞兒才會那樣溫順，對普通客人，即便付足錢，場面上也不可任意妄為。」

啊！原來是這回事，我是韜了幫會的光哩！

異常的愛國心

近年朋友自日本回來，跟我大談當地夜遊，內容無非是在六本木、赤坂見附的會所泡妞，或者是參與了SM俱樂部，做了一個臨時會員。雖無新意，可有一樣事物，比較奇特，就是會所裏居然佔了大部分是操國語的女人。朋友以為來自台灣，一問方知都是神州同胞。其中一個叫阿麗的，來自哈爾濱，玉人頎頎，高一米七八，幾乎跟朋友並肩。阿麗在東京一家短期大學讀書，課餘有暇，就跑到會所客串，也就是日本人口中的「阿路巴鐸」（臨時工）。

她以時薪計，每小時二千日圓，即港幣二百，一夜工作四小時，就可得八百港幣，加上客人小費，平均逾一千，一星期上三天班，一個月就有一萬多元的生活費，解決了住食兩大難題。阿麗告訴朋友，有許多來自大陸的女學生，跟她一樣，都幹着同一的工作，逍遙快活。朋友鵠伊，要求阿麗下班後小敘，滿以為會遭拒絕，因為以朋友的經驗，日本會所的小姐在第一次多必婉拒。豈料阿麗一聽，臉露喜色，柔聲說：「難得為同胞服務，給你打個折，收你兩萬吧！」兩萬即兩千，以短聚言，不能算便宜了，朋友箭在弦上，別說二千，二萬也會給。於是跟着阿麗走在東京夜街，七轉八彎，進了「愛情酒店」。阿麗快捷地為朋友辦登記，入房又熟練地替朋友寬衣，殷勤侍候進浴。

呀！一切的一切，都太老練了，老練得超越了自身的年齡；朋友這時候，不知怎的，忽地天良發現，覺得自己的行為很卑劣，便想打退堂鼓。他寧可錢照付，也不想在阿麗身上遊戈。可阿麗一把拉住他，柔聲說：「不許你走，今晚我需要哦！」就是一句「我需要哦」，打消了朋友的天良，他留下來，享受了異國溫馨的一夜。

在異地，跟女同胞同眠，那種感覺的確是很奇特的，對不？

朋友問我的感覺？我不曾有過這樣的體驗，答不上來，可一想到女同胞在日本受到日本男人的侵佔，我心裏總有點兒不好過。

七二年我到東京，除了學日語，日常的生活，便是泡酒吧、闖小型會所，目的只有一個，結識日本女性，跟她們上床。

真的喜歡日本女人嗎？答案是「否定」的。說真的，日本女人平均不如中國女人的美，可那時候，有一團怒火在我心中，覺得要在她們身上發洩以報心頭之恨。想到日本當年蹂躪咱們的中國女同胞，我的狂勁就來了，什麼人道主義，全拋諸腦後，只知道對着日本女性拼命地幹幹幹！

這種心念也非我這個留日港生所獨有，來自台灣的同學，尤其是林原，比我更熾烈。他誇下海口，要幹一千個日本女性。現在想來，這當然是十分幼稚、無知，且也不人道，可在那時，卻是我們另一種異常的愛國心。

韓女燙貼

日本以外，我還喜歡韓國。

六十年代中、七十年代初，香港大刮東洋風，大街小巷，滿開日本料理，而日式百貨公司亦開遍尖沙咀、中環和銅鑼灣。粗略一算，已有「大丸」、「三越」、「松坂屋」、「東急」、「松屋」、「玉屋」、「伊勢丹」等等。香港人善忘兼崇日，早已完全忘了中日戰爭的國耻。

我也隨波逐流，戀上了東洋風，尤其是她的小玩意，雅巧可人，更為我所鍾意，舉例說雨傘吧！至今仍未見過有其他雨傘比日本貨的那樣精緻。滿街滿巷東洋風，在這個大氣候裏，我對韓國風味仍有一絲留戀。

六十年代末，我有一個韓國女朋友叫金銀花。名字好奇怪，我就告訴她我叫白菊花。她問：為什麼叫白菊花？我說在中國的藥用飲料中，金銀花跟白菊花是合用的。聞絃歌知雅意，金銀花臉紅透了。

金銀花是一個歌伎，在銅鑼灣一家小型韓國會所獻歌，是她教會了我唱韓國歌和少許韓國話。韓國女人的溫柔和順從，更勝東洋女人一籌（事實上東洋女人並不柔順，言聽計從，只是門面工夫）。在漢城（今首爾）大街上，不時會見到粗魯的韓國男人，摸女人屁股揩油，甚或粗言穢語，辱罵女人。受辱的女人，往往只會苦笑，不敢稍吭一聲。

香港的韓國會所，那時最出名的是「梨花園」，走的是漢城南大門高級酒家路綫，有歌伎陪酒、獻唱，格調類似東洋藝伎。我只去過「梨花園」一次，感其名大於實，無法投入，後來朋友再邀，就婉拒而不往了。

我常去的韓國會所叫「GOLDEN BLUE」（下稱「G店」），開在銅鑼灣新寧道，是一爿小店，佈置雅緻，情調溫馨，雖然價錢比一般日式會所貴了一點，卻是物有所值。「G店」有五個小姐，三個是韓國人，兩個是日本人。

為什麼韓國會所會有日本小姐？

原來到來光顧的客人，絕大部分是日本人。（六七十年代，韓國經濟還未起飛，香港的韓國遊客不多。）韓國曾為日本附庸，久受東洋文化薰陶，因此，韓國女人大多也會講日本話。「G店」跟日式會所不同，不以坐枱時限算賬，卻以酒水計鐘，客人酒喝愈多，收入愈多，所以小姐都會頻頻向客人勸酒。不過，有一處是跟日式會所一樣，小姐都不作興去街。你想鵠她，就得打烊後在馬路上等，等她跟你去消夜。小姐許意你在店門外候她，閣下就有機會一親香澤了。

客人碰到這種場面，哪還有心情泡下去。

第二是價錢比其他歡樂場所貴了一倍以上。舉個例，那時到舞廳消遣，一個人的支出（不包出街），約在三百元左右。可到日式夜總會，就算是二三流的，如「吉百利」、「中國宮殿」，散場結賬，往往要花五六百元。如果帶小姐出外消遣，不計「肉金」，也要一千左右。小數怕長計，一般白領的收入是花不起這種錢的。

在日式夜總會裏，閣下花不起錢，就會為人看扁，小姐冷待你，媽媽生冷待你，連男女侍應、知客，都會冷面孔對待。貼錢買難受，有啥意思！日式夜總會那種「見高拜，見低踩」的服務態度，套句劉德華先生所說的，那便是「這種服務態度是不對的。」可是在那時代，這種服務態度幾乎是每一家日式夜總會必然採用的。

其實，日式夜總會什麼都貴，枱鐘貴，街鐘貴，酒錢也貴。開一枝「藍帶」或「XO」拔蘭地，消費過千，普通一枝「馬爹利」，也在六七百，小姐勸酒如倒水，僅酒錢，統差兩千起碼，外加果盤錢，只是這兩項開支，已在三千。

我試過跟一位富豪朋友光顧「中國城」，兩個人消磨了三小時，沒帶小姐出外，結賬是八千大元。消費之昂，令人咋舌，並不合理，評之為日式夜總會的缺點，當不為過。小姐現實，客人現實，其實全然不是雙方的錯，這是社會的錯。社會的生活節奏變快了，人人都在緊張的氣氛中過日子，步伐緊湊，慢一秒，就給人爬過了頭，生活在這樣環境裏，誰還有閒情逸致談氣氛、講情調呢！彼此現實，簡捷方便，雙方都有好處，於是索性現實到底。

八十年代的日式夜總會實則上已變成了人肉市場，小姐乃成妓女，客人變作嫖客。這對講求氣氛的客人而言，自然滿不是味兒。為了追求自己的理想，這些客人不停地努力，搜尋適合自己的場所。韓式夜總會就在這時候出現了。

據記憶所及，香港最早的一家韓式夜總會，應該是中環的「梨花園」。「梨花園」是韓國有名的酒館，馳名東南亞，香港借來一用，成為了夜遊界所熟悉名字。

何謂韓式夜總會呢?跟日式夜總會有什麼不同?

韓式夜總會,跟日式夜總會最大的區別,就是地方不及日式夜總會的大,服務也有不同,一般韓式夜總會講究佈置精緻和富於民族氣息,地方太大,不易控制。因此,在香港,比較出名的韓式夜總會,都屬「麻雀雖小,五臟俱全」格局,跟日式夜總會大相逕庭,獨具一格。

其次是制度方面,韓式夜總會亦大異於日式夜總會。韓式夜總會大多不設鐘錢,即小姐上枱,沒有「枱鐘」,小姐賺的只是酒錢。小姐能喝多少,就算多少。

這裏面就大有學問了!小姐喝酒計值,那麼顧客的消費,就完全掌握在小姐手上。小姐憐惜你,少喝一兩杯,賬單就便宜一點。小姐不憐惜你,大杯大杯喝(她喝的不是酒,是糖水),嘿嘿!賬單比日式夜總會還貴。

還有一點,絕大部分韓式夜總會,小姐是沒設街鐘的。她們只能在打烊後,才能跟客人離去。小姐下班後,是自由身,有權處理自己的私生活,韓式夜總會的老闆,不會過問。

還有,韓式夜總會之有別於日式夜總會,在於小姐,幾乎清一色的是韓國女人,而日式，則只具其名而乏其實，哪有什麼日本美女！

還有，韓國小姐的優點，真是多得不能勝數，雖不至於琴棋書畫，樣樣俱精，至少溫柔可人，善解人意，更難得的是她們個個是「阿里郎」高手，懂得唱歌。

原來，在韓式夜總會，懂唱歌十分重要。前來捧場的客人，十居其九是韓國人與日本人，個個愛唱歌，不懂唱歌的小姐，很難立足。我曾認識一位韓國小姐，她姓池，名安美，蛾眉螓首，肌膚勝雪，她不懂廣東話，卻能説日語，我們用日語溝通。

安美能燒一手好的韓國菜，每道菜，都添了辣，正合我胃口。她亦能唱，感情投入，令我聽出耳油，相處一年，她要回漢城老家，自此沒再晤面。

韓國女性，有四個特點，不妨在這裏一説。

第一，她們的皮膚都比較白晢而富彈性，沒有一般亞洲女性那樣粗糙。原因之一，是她們平日常進服人參酒。

其次則是較一般亞洲女性溫淑賢慧。我一直有這樣的想法，亞洲女性當中，最麻煩的，以本港女性為第一，驕傲自私，對男性欠缺熨貼。韓國女性則不同了，較日本女性還要溫柔，她一旦視你作男友，那麼閣下真可以長住溫柔鄉了。

第三，韓國女性在性愛方面，有其所長，足可令男性欲仙欲死，她們永不SAY「NO」，只要男性高興，什麼都可以遷就，這可不是一般女性做得來的。

最後，韓國女性，十居其九，懂烹飪之術，男人所求的「入得廚房，出得廳堂」，備矣！

這種女人，何處去求？所以有一段時期，香港人作興娶韓國女性做太太。我有一個黃姓朋友，娶了韓國人做太太，那個韓婦克盡婦道，治家井井有條，還幫他發展業務，更難得的是，她永遠不管我朋友小黃的私生活。

韓國美人歌星莎莉李

莎莉李是四十年前，紅遍香港的韓國女歌星，她有美如玫瑰般的容貌，更有勝雪的肌膚，圓姿替月，肌腴環肥，真是一流一的大美人。我第一眼看到她，就深深地給迷住了。那年，我年僅廿歲，在珠海書院唸文史系，是一個苦學生，毫無經濟能力，可只看了她一眼，就覺得自己不能不想法子去看望她。其時，莎莉李在中環皇都夜總會唱歌。

皇都夜總會（即如今卡佛大廈的舊址），是一間異常高貴的夜總會，按理，我這個窮書生根本沒能力去消遣。可幸，我堂兄有個熟朋友在那裏做事，酒水全免，消費有限，於是就造就了我每晚去捧場的機會。

莎莉李，是所有我眼見過的女歌星當中，最最漂亮的一個。這句話，並非我一個人說，而是當時百分之九十的夜遊人士，人人都這樣說的。我的朋友沈榕就這樣說過：要寫莎莉李，很難，最好的形容詞在她身上似乎都不管用，我只能說她太美了！她的漂亮，非我這管禿筆所能形容其萬一。（書到用時方恨少，搜遍枯腸，就是無法因妥貼的言詞勾勒出莎莉李的美貌。）莎莉李生不逢時，倘若放在今日的歌壇，聲色藝俱全的莎莉李，肯定會成為第一流的歌星。

六十年代，什麼事業，都遠未如今日之發達，去追捧莎莉李歌藝的人，大多是有閒消費者，普通人哪會一晚花一百幾十元去夜總會聽歌！莎莉李的捧場客，多如繁星，的是坐無空凳，立無隙地，因而我每趟去「皇都」，都難佔得好位置。好在那時，我只存着一睹風采的心念，並未存相識的企圖（也不敢），所以也就不覺如何失望。每夜我就像靜婷姊所唱的那樣：「痴痴地等」，不知道是早晨，還是黃昏，我只是痴痴地等……

說實在的，那時候，我是絕對沒有勇氣去結識莎莉李的，一來年輕而窮；二來地位懸殊，有一點自卑；三來，追求她的盡是貴介公子、巨賈富商、操瓢名士，我這個癩蛤蟆哪會在李小姐眼中！還有，最重要的是她年紀比我大一截。在一個年近三十的女人眼中，二十剛出頭的男人，只不過是一個孩子，而不是什麼男人。

莎莉李在香港唱了一段時期，便賣棹回漢城去，之後杳無音訊，就再也未回來過。如果現在她還健在，怕已有七十多歲了吧！

我不希望還能見到她，那會破壞我對她存有的美好印象。就把她艷麗的容顏，窈窕的倩影，永遠雕在我心版上吧！

韓妞思春艷舞

〇四年訪大阪，友人盛宴招待，先是啖河豚，繼而吃鐵板牛肉燒。久聞日人喜河豚，有「拼命吃河豚」之語，意謂即使死，也要吃一口河豚，以喻河豚肉質鮮美，天下無雙。早歲在日本東京留學，窮學生，沒錢，沒資格吃貴價河豚，常以此為憾。今番得嚐，宿願遂了，從此發誓不再啖一口。何解？原來河豚味非鮮，在我而言，反覺其粗糙，不逮咱們香港的石斑多多矣，於此足見港、日老饕口味之不同。

河豚不合我口味，鐵板牛肉燒卻不俗，戴了白色高帽的廚師，站在櫃台後用鐵鑊炮製牛肉，花巧多多，一塊一厘米見方的牛肉，起碼給他播弄了五分鐘方能遞至你面前。朋友乃急性子，對住廚師大叫：「快些！快些！我餓死了！」闔座大笑。美食之後，挨到色慾旅程。

大阪的「俱樂部」，女侍一式韓妹，多來自漢城，她們諳日語，侍客溫柔體貼，令人色授魂予。

心齋橋一家叫「優」的韓國會所，居然還有艷舞表演。一般艷舞，我多不愛看，惟獨今趟例外，因為這場艷舞有一個完整故事，絕非一般庸俗下流的脱衣舞可比。

十點三十分，樂台鼓聲擂動，一陣鼓聲後即靜止。台幕掀起，有一韓籍少婦，倚枕看書。一盞黃燈，照着她那一頭烏髮，溢出柔和光輝。

少婦全身側卧，只露一雙白雪皚皚手臂，伸在衾外。那衾是黑絲絨，配着黃光，愈發顯得少婦手臂的白，這時人人都急於看那少婦的絕代花容，可她看書入神，就是不敢把臉兒朝向觀眾，惹得眾人心跳動，不能自已。

這時，那隻袒露於外的手臂也給縮回去了，在被子裏一動一動，不知在搔抑什麼？正當人人在猜測當兒，忽聞鈴聲一響，少婦掀衾翻身而出，呵呵！觀眾叫了起來，原來那少婦竟是全裸的。少婦動作迅速，一手從床角拽過一襲輕綃晨衣，遮掩了晶瑩胴體，觀眾發出了「噢」的一聲失望之嘆。

少婦迅速奔去開門，動作之間，秘處隱約可見，無奈隔了一層，未能窺得全豹。朋友用手肘撞了我一下説：「真要命！」

鈴聲仍在響，原來是鬧鐘在鳴。少婦臉上露出幽怨之色，伸手把燈光全亮了，將枕邊書放到沙發上，一頁頁的揭。一邊看，一邊兩腿在晨衣裏摔綷。十枚玉趾不時交互抖動，此時，晨衣也漸漸自肩膊褪了下來。少婦忍得苦，重回床上，伏着看書，臀波逕自簸動，長夜難耐，她又起來了，索性褫去晨衣。朋友「呀」地嚷起來，隨即按住了口，原來少婦裏面還有三點嚴妝。朋友雙手摩擦着，恨不得跑上台去，替她去盡安慰的責任。

少婦早已不耐了，找了一隻高背椅，椅背向前台，人跨椅後，這樣重複看起書來。一邊看，一邊用手在椅背後做她的工作。「工作」者何？不言而喻，這時，所有看官無不心旌搖動，慾火難按。移時，少婦拋去手中書，倏地站了起來，肩上晨衣完全丟棄地上，畢陳裸相，已呈眾人眼前！鼓聲又響，垂幕急下，伊人影跡渺。

這幕韓妞所出演的「思春」艷舞，七年來不時躍現眼前，如此挑逗男人心弦的艷舞，今已不可多見，足為稀世珍品。

香港夜生活紀聞第二集

日韓風情

作　　者：沈西城
出 版 人：鍾強華
叢書策劃：蒙　憲
責任編輯：黎漢傑
封面設計：Kaceyellow
法律顧問：陳煦堂 律師

出　版：初文出版社有限公司
電郵：manuscriptpublish@gmail.com

印　刷：長江印務出版資源有限公司

發　行：香港聯合書刊物流有限公司
香港新界荃灣德士古道220-248號
荃灣工業中心16樓
電話 (852) 2150-2100 傳真 (852) 2407-3062

臺灣總經銷：貿騰發賣股份有限公司
電話：886-2-82275988 傳真：886-2-82275989
網址：www.namode.com

版　次：2023年5月初版
國際書號：978-988-76892-3-2
定　價：港幣128元　新臺幣480元

Published and printed in Hong Kong

香港印刷及出版